I CHING

Maria Costanza Caraglio

I CHING

Predicciones y consejos
para todos los acontecimientos de la vida

dve
PUBLISHING

© Editorial De Vecchi, S. A. 2018
© [2018] Confidential Concepts International Ltd., Ireland
Subsidiary company of Confidential Concepts Inc, USA
ISBN: 978-1-64461-121-0

A Rodolfo y Carolina,
para que siempre puedan
imbuirse de la gran
sabiduría del I Ching

Cuando
Lucifer y Gabriel
se den la mano
Cuando
poder y espíritu
se unan
Cuando poesía y ciencia
se fundan
Cuando
encontremos a Dios
en el orgullo terrenal
Cuando
el instante sea
el punto de encuentro
de las percepciones
Nosotros seremos
conscientes de la Totalidad

M. C. C.

Índice

Prólogo

Lo creativo es el cielo,
por esto se le llama
el padre.
Lo receptivo es la tierra,
por esto se le llama
la madre

«Si pudiera añadir algunos años a mi vida, dedicaría cincuenta al estudio del oráculo, y así lograría evitar errores.» Estas fueron palabras de Confucio, según los analécticos,[1] cuando ya tenía setenta años, refiriéndose al *I Ching*. En efecto, el gran filósofo chino dedicó, especialmente durante los últimos años de su vida, tanto tiempo al estudio del *Libro de la sabiduría*, que consumió tres veces los cabos que mantenían juntas las láminas del libro.

Quien esto escribe, de manera mucho más modesta, se dedica desde hace quince años al estudio del *I Ching*, *El Libro de las Mutaciones*. En 1978 Delia Musumeci, una amiga por quien siento una gran estima, me habló de él, y con ella empecé una primera y dificultosa comprensión del texto. Diez años más tarde, con la ayuda de Flaminia Momigliano, me adentré con mayor profundidad en el estudio de la interpretación de los 64 hexagramas que lo componen, al cual siguió, en estos dos últimos años, un abundante y productivo intercambio de ideas con Gabriele Maggio, médico y psicólogo, gran conocedor del gran Libro chino. A los tres quiero expresar mi agradecimiento desde lo más hondo de mi corazón.

Pero ¿qué es el *I Ching* exactamente? Una de las respuestas más claras nos la da Diana Farrington Hook (*I King y vosotros*, Roma, 1977): «Es un libro de la vida, que contiene una explicación de todas las leyes del universo que gobiernan todas las cosas; y también da instrucciones explícitas sobre la forma en que debe comportarse el hombre para permanecer en continua armonía con tales leyes». Carl Gustav Jung nos da otra respuesta (*I Ching, El libro de las mutaciones*, Roma, 1950): «El *I Ching*, de libro de adivinación se convirtió en libro de sabiduría. Al rey Uenn, que vivió hacia el año 1000 a. de C., y a su hijo, el duque de Chou, les fue reservado este nuevo modo de con-

---

1. Recopilación de discursos que Confucio habría dado a sus discípulos.

11

siderarlo. A partir de ahí el hombre empezó a participar en la formación del destino, ya que sus acciones interferían en tanto que factores decisivos en el devenir universal. Mientras las cosas están todavía ocurriendo, estas todavía se pueden guiar».

Quiero añadir otra definición del *I Ching*: «Es nuestro padre, es nuestra madre, es todos aquellos que nos aman y que desean nuestro bien, es nuestro guía espiritual, es nuestra guía práctica, es nuestra meditación».

En esta tierra estamos solos, infinitamente solos, desde el momento en que emitimos el primer respiro hasta el momento en que exhalamos el último. Por mucho que podamos amar, por mucho que podamos ser amados, la verdadera compañera de nuestra vida es la soledad. De ello nos damos cuenta ante las grandes pruebas de la vida, pruebas que cada uno de nosotros se ve obligado a afrontar, unos en mayor y otros en menor medida, pero, al fin y al cabo, todos. Es en aquellos momentos en los que desearíamos que alguien tomara con decisión el timón de nuestra vida y nos llevara lejos de la tormenta, a mares calmados y sin viento.

Estamos solos cuando debemos tomar decisiones difíciles, que nos cuestan porque no distinguimos con claridad dónde está el bien y dónde está el mal, dónde está la justicia y dónde la injusticia, dónde está lo necesario y dónde lo inútil.

Soledad
fiel compañera
impúdica
observas las caricias del amante
invasor
me acompañas en el grupo de los

amigos
nunca me dejas sola
eres la única
con quien comparto realmente la vida
Soledad.

Es entonces cuando el *I Ching* acude en nuestra ayuda, con su sabiduría milenaria, con sus respuestas desde el oráculo, hermético ciertamente, pero claro para la consciencia, quizá más incluso que para el intelecto.

El *I Ching* siempre da una respuesta, si la pregunta es seria y se efectúa con claridad. Esta respuesta no se limita a decir «sí» o «no», sino que aclara por qué las cosas son como son, y nos dice cuál es la manera adecuada de comportarse.

La autora de estas líneas nunca se ha sentido decepcionada por el *I Ching* cuando ha planteado correctamente las preguntas, ni incluso cuando la respuesta podía resultar decepcionante o requería un gran esfuerzo de voluntad.

El *I Ching* es también una gran fuente de inspiración para nuestras meditaciones y para nuestra búsqueda espiritual. Para ello recomendamos la lectura del texto integral de la traducción del chino al alemán, de Richard Wilhelm, y luego del alemán al español, precedida del estudio de Jung,[2] en donde la belleza poética de las frases y de las imágenes es fuente de grandes emociones y punto de partida de profundas meditaciones.

2. *I Ching, El libro de las mutaciones*, Barcelona, Edhasa, diversas ediciones.

12

La presente contribución a la interpretación del *I Ching* está destinada a las personas que no tienen demasiada paciencia o demasiada facilidad para comprender un lenguaje arcaico, aunque es fascinante, y que, sin embargo, necesitan una respuesta o un consejo sabio para comprender los problemas que deben afrontar y las dificultades de la vida.

Espero haberlo logrado.

LA AUTORA

Introducción

La historia del *I Ching* o *Libro de las mutaciones*

El *I Ching* tiene 3.000, 4.000, 5.000 años de antigüedad. Nadie lo puede saber con exactitud porque su nacimiento se pierde en la noche de los tiempos. Si, tal como sostiene la opinión mayoritaria, está relacionado con Fu Hsi, una figura mítica china, que se considera su inventor, entonces su aparición debe situarse más allá de la memoria histórica.

De todos modos, los padres naturales de este gran libro de oráculos y de saber son cuatro: el ya citado Fu Hsi, el rey Wên, el duque de Chou y Confucio. Emperadores y reyes de las distintas dinastías chinas posteriores añadieron sentencia a sentencia, comentario a comentario, hasta que los 64 signos, representados por hexagramas, fueron completados por el rey Wên, antepasado de la dinastía Chou. Tal como prueban documentos históricos, el libro era usado como texto de oráculos durante toda la época Chou con el título de *Las Mutaciones de Chou*.

Con este título llegó a Confucio (551-479 a. de C.), quien extrajo las enseñanzas profundas que influyeron de manera determinante en su pensamiento. En él, al igual que en las reglas de vida contenidas en el *I Ching*, se afirma que cultivando la propia personalidad, haciéndola fuerte y ennobleciéndola, se consigue hacer reinar la armonía en uno mismo y en la sociedad. Las grandes virtudes exaltadas por Confucio son la justicia y el amor por la humanidad, con el objetivo de instaurar entre los hombres sentimientos de nobleza, de dignidad y de respeto mutuo. Además, Confucio contribuyó a la comprensión del *Libro de las Mutaciones* con una serie de comentarios que constituyen buena parte del texto de las ediciones modernas.

Ya Lao Tsé (siglo VI o V a. de C., no se conoce la fecha con exactitud) había convertido las reglas del *I Ching* en la base de la doctrina taoísta fundada por él. Dicha doctrina estaba basada en valores como el amor filial, la devoción al soberano, la sinceridad, la compasión, la paciencia, la simplicidad y la concordia, valores todos ellos exaltados en los 64 hexagramas del *I Ching*.

En el transcurso de los siglos, el *Libro de las Mutaciones* tuvo varias vicisitudes y distinta fortuna en China. A él pedían respuesta filósofos, políticos y también gente común que debía tomar alguna decisión. En Japón, en cambio, es materia de estudio en las universidades y todavía hoy se consulta antes de establecer negociaciones importantes.

Parece ser que el *I Ching* llegó a Europa, traído por los jesuitas, alrededor del año 1600, redactado aún con los antiguos ideogramas, que alguien intentó traducir sin obtener más que resultados casi incomprensibles.

No fue hasta 1911 cuando un alemán nacido en Stuttgart, Richard Wilhelm, que había vivido como misionero y pastor más de veinte años en China, emprendió la tarea de traducir la obra al alemán. El trabajo duró unos doce años. Finalmente, en 1924 vio la luz la primera edición, que permitió que este gran libro de sabiduría e imaginación fuera comprendido en Alemania y en toda Europa. Merece la pena recordar la última frase del prólogo de Wilhelm, redactado en Pekín en verano de 1923: *«Que los lectores de esta traducción puedan ser partícipes del mismo júbilo que la presencia de la verdadera sabiduría me ha hecho sentir durante mi trabajo».*

Esta primera traducción fue seguida en 1949 de la traducción inglesa, y en 1950 de la italiana, ambas realizadas a partir de la versión alemana.

Carl Gustav Jung firmó el prólogo de ambas traducciones, en el que no se limitó a las pocas palabras de rigor, sino que entró en la propia estructura del *Libro de las Mutaciones*, explicando su

experiencia directa en la consulta. A partir de aquel momento, el *I Ching* —el *Libro de las Mutaciones*— se convirtió en patrimonio cultural, fuente de saber, respuesta y consuelo espiritual de muchas personas.

Estructura del libro

Desde que el hombre es considerado como tal siempre ha intentado conocer el futuro antes de que éste se produjera. Tanto es así que en todos los puntos del globo se han desarrollado prácticas adivinatorias. Concretamente, en la antigua China, hace 4.000 o 5.000 años, una de las prácticas adivinatorias en vigor consistía en observar las grietas que se formaban en los huesos de animales, casi siempre bovinos, después de haber sido quemados. También se adivinaba interpretando los signos que aparecían en las conchas de tortugas, animales que en China se consideraban sagrados. Los primeros signos eran simples líneas, continuas —— y fragmentadas — —, que eran interpretadas como «sí» y «no». Más tarde estas líneas se mezclaron y dieron lugar a trigramas, es decir, composiciones de tres líneas que permitían una adivinación más completa. Estos trigramas, que formaban ocho combinaciones posibles, llegaron a Fu Hsi, el mítico primer emperador de China, que reinó hace unos 4.500 años, y que los convirtió en la base del *I Ching*.

Veamos cómo se describe su descubrimiento en uno de los primeros comentarios del *Libro de las Mutaciones*: «En tiempos antiguos, cuando Fu Hsi gobernaba sobre todas las cosas existentes bajo el cielo, miró arriba y contempló los dibujos resplandecientes del cielo.

Luego miró hacia abajo y consideró la forma de la Tierra. Se fijó en la elegancia de las características de los pájaros y de los demás animales, y las cualidades de sus respectivos territorios. A continuación observó su propio cuerpo, así como las cosas lejanas. De todo ello ideó los ocho trigramas, con el objetivo de desvelar los procedimientos celestiales de la naturaleza y de entender el carácter de las cosas». (A. Douglas, *Cómo consultar el I Ching*, B.U.R., Milán, 1976).

Las líneas enteras o fragmentadas representan los principios fundamentales de la existencia. La línea entera —— se refiere al principio masculino activo (Yang) y representa el cielo; la línea fragmentada — — se refiere al principio femenino negativo pasivo (Yin) y representa la tierra.

Tal como se ha dicho, estas líneas reunidas en grupos de tres compusieron los ocho trigramas siguientes, con sus significados simbólicos.

CH'IEN	creativo activo fuerte sólido	padre	cabeza	inicio invierno	cielo	noroeste
K'UN	receptivo pasivo débil oscuro	madre	vientre	inicio otoño	tierra	suroeste
CHÊN	activo noble excitante	hijo	pie	primavera otoño	trueno	este
K'AN	laborioso envolvente peligroso melancólico	hijo mediano	oreja	invierno	agua	norte
KÊN	obstinado firme malo	hijo menor	dedos de la mano	inicio de primavera	monte	noreste
SUN	bondadoso penetrante	hija mayor	muslo	inicio de verano	viento	sureste
LI	claro bello dependiente partidario	hija mediana	ojo	verano	fuego	sur
TUI	alegre agradable	hija menor concubina	boca	otoño	cuenco de agua	oeste

Estos ocho trigramas representaban las fuerzas de la naturaleza, la composición de la familia, las estaciones, la ordenación del estado. Con ellos, los chinos realizaban las previsiones y obtenían respuesta a sus preguntas.

Más tarde, los ocho trigramas, unidos en grupos de dos y combinados entre sí, formaron los 64 hexagramas que abrazaron la totalidad de la experiencia humana y que constituyen el *I Ching* tal como aparece en la siguiente relación.

 *1. CH'IEN*

 *6. SUNG*

 *2. K'UN*

 *7. SHIH*

 *3. CHUN*

 *8. PI*

 *4. MÊNG*

 *9. HSIAO CH'U*

 *5. HSÜ*

 *10. LÜ*

11. T'AI

12. P'I

13. T'UNG JÊN

14. TA YU

15. CH'IEN

16. YÜ

17. SUI

18. KU

19. LIN

20. KUAN

21. SHIH HO

22. PPI

19

23. PO

29. K'AN

24. FU

30. LI

25. WU WANG

31. HSIEN

26. TA CH'U

32. HÊNG

27. I

33. TUN

28. TA KUO

34. TA CHUANG

35. CHIN

36. MING I

37. CHIA JÊN

38. K'UEI

39. CHIEN

40. HSIEH

41. SUN

42. I

43. KUAI

44. KOU

45. TS'UI

46. SHÊNG

21

 *47. K'UN*

 *53. CHIEN*

 *48. CHING*

 *54. KUEI MEI*

 *49. KO*

 *55. FÊNG*

 *50. TING*

 *56. LU*

 *51. CHÊN*

 *57. SUN*

 *52. KÊN*

 *58. TUI*

59. HUAN

60. CHIEH

61. CHUNG FU

62. HSIAO KUO

63. CHI CHI

64. WEI CHI

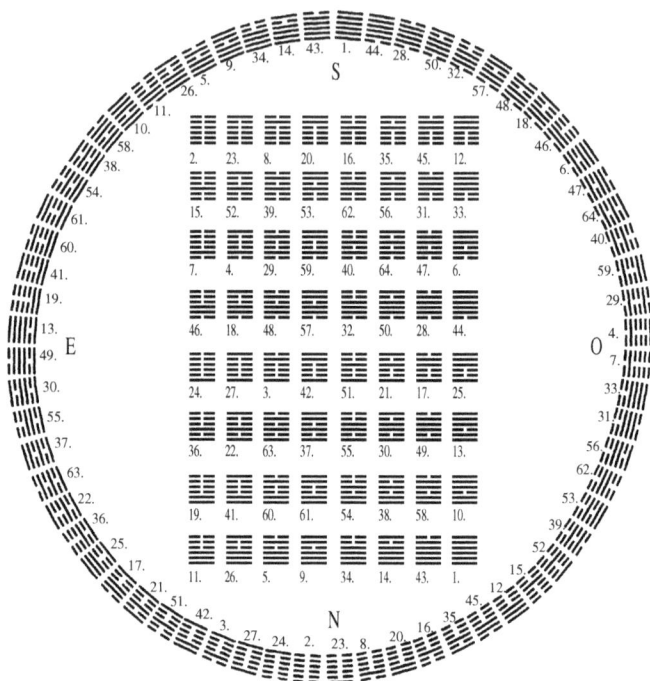

El sistema tradicional dispone los 64 hexagramas en círculo, y en su interior se encuentran los mismos hexagramas formando un cuadrado (véase la ilustración). Los 64 signos o hexagramas que figuran a partir de la página 32 contienen, en forma abreviada, la **sentencia** y la **imagen** usadas en el lenguaje simbólico original. Además, contienen el **significado adivinatorio**, la **aplicación práctica** para el **amor**, el **trabajo**, y las **finanzas**, la **salud**, los **consejos generales** y la **interpretación de cada una de las líneas móviles.**

Conviene precisar que la sentencia indica si una acción (propuesta en la pregunta por la persona que realiza la consulta) es benéfica o maléfica, y representa el núcleo central de la respuesta adivinatoria. La imagen, en cambio, corresponde analógicamente a la situación indicada por la sentencia.

El *I Ching* hoy

¿Qué relación puede haber entre un texto que nació hace miles de años y nuestra vida actual, tan convulsionada y frenética, en la que los valores materiales tienen para muchos un peso determinante a la hora de juzgar individuos, cosas, situaciones? ¿Qué podemos extraer de una visión de la vida arcaica y mítica como la del *I Ching*, con sus reyes, gobernadores, príncipes, siervos, dragones, carrozas con cortinas y tazas de arroz? Estas son las preguntas que en primera instancia podría plantearse el profano o la persona que se inicia en la lectura de este gran libro.

Y, sin embargo, la relación existe. Es la relación perenne que conecta la tierra con el cielo, el cuerpo con el espíritu, el macrocosmos con el microcosmos, la naturaleza con sus leyes. Y hoy todavía, en este siglo xx tan cargado de tensiones, de sangre, de tragedias, estos vínculos universales nos dicen que no hay nada nuevo en la vida. Cambian las maneras de expresarse, las costumbres, las leyes, pero el ser humano en sí mismo continúa viviendo con sus problemas interiores, con sus dificultades prácticas, al igual que todos sus antecesores. En esta falta de cambio aparente, las leyes de la naturaleza se convierten ellas mismas en cambio. El día sigue a la noche y viceversa, las estaciones se siguen, las olas del mar y las mareas suben y bajan, nada es estático en la naturaleza. Y lo mismo ocurre con respecto a las situaciones, del tipo que sean. Cuando se cree haber llegado a lo peor empieza la remontada, cuando se cree haber alcanzado lo mejor empieza el descenso. Al culminar un ciclo positivo empieza otro negativo, y viceversa.

Este es el sentido del *I Ching*, que enseña a tener fe en los momentos difíciles y sugiere moderación y precau-

ción en el momento de máximo esplendor. También enseña a entender quiénes somos, invitándonos a reflexionar sobre nuestros actos y nuestras palabras, en lugar de criticar las de los demás. Enseña la ductilidad y el comportamiento para hacer frente a las dificultades de la vida, manteniendo la pureza interior de la propia naturaleza.

Por lo tanto, los lectores que formulen una pregunta al *I Ching* no deben contentarse únicamente con la respuesta que se da en un solo sector (amor, trabajo y finanzas, salud) y en los consejos generales; han de meditar profundamente sobre el sentido global del hexagrama, tal como se deduce del «Significado adivinatorio».

Hay que hacer constar que la comprensión del significado global del libro puede resultar facilísima para algunos y muy difícil para otros. Nos remitimos a las palabras de C. G. Jung *(op. cit.)*: «En lo que se refiere a los mil puntos de interrogación, dudas y críticas que este singular libro suscita, a estos no puedo responder. A uno su contenido aparece claro como la luz del día, a otro oscuro como el crepúsculo, y a un tercero negro como la noche. Quien no queda contento con él no necesita hacer uso de él y quien no lo comprende presumiblemente tendrá alguna excelente razón para no hacerlo. Sin embargo, parece que este libro significa algo más que un precioso *document humain*».

Cómo consultar el *I Ching*

Hay tres formas de consultar el *I Ching*: con los tallos de aquilea (mil hojas), con las tabletas y con las monedas.

El primer sistema, usado en China desde la antigüedad, requiere una gran paciencia y concentración, además de las dificultades obvias para encontrar los tallos de aquilea. El segundo sistema, el de las tabletas, presenta la ventaja de la simplicidad, aunque comporta una cierta dificultad para encontrarlas o para hacérselas uno mismo. El tercer sistema, el de las monedas, ha sustituido ya desde los siglos II o III a. de C. al sistema de los tallos de aquilea, y hoy en día es el más usado por ser el que mejor se adapta a nuestra mentalidad moderna y occidental.

Este libro va acompañado de las monedas que sirven para la consulta, pero en caso de perderlas se puede usar cualquier otra moneda, a cuyas caras deberemos asignar el valor de «2» y de «3», tal como se hace cuando se da el valor de «cara» y «cruz».

El *I Ching* debe ser consultado en un momento de calma y de tranquilidad, sin ruido en las proximidades, sin prisas y sin temor a ser molestado. Aún es mejor si previamente realizamos algún ejercicio de relajación, para eliminar el ansia y apartar de la mente ideas preconcebidas o pensamientos confusos. También es útil para la concentración y la quietud encender una vela o quemar un poco de incienso.

La pregunta que se desea formular tiene que estar bien estructurada y ha de ser clara y precisa, sin que pueda prestarse a confusiones. Por ejemplo, no debe realizarse una pregunta como: «¿Qué es mejor, hacer esto o lo otro?», «¿Debo elegir a Juan o a Antonio?». En tales casos es preferible plantear la pregunta del siguiente modo: «¿Qué ocurre si me decanto por esto?», o bien

«¿Qué ocurre si elijo a Juan?», o también «¿Qué ocurre si elijo a Antonio?».

Por otra parte, también es aconsejable indicar un límite de tiempo al formular la pregunta, como por ejemplo: «¿Cómo irá la relación con Juan durante los próximos seis meses?».

Resumiendo, se trata de hacer lo posible para evitar respuestas poco claras, sin olvidar que no todas las personas tienen la facultad de interrogar al oráculo o que algunas pueden tener dificultades. Se necesita una mente tranquila, sensibilidad psíquica, receptividad para las influencias cósmicas y capacidad de captar la sincronicidad del momento. De hecho, los antiguos chinos creían que las respuestas las proporcionaban agentes espirituales, mientras que C. G. Jung considera que todo depende de lo que él llama sincronicidad, es decir, de la relación entre todo lo que ocurre en el mismo instante en el universo, relación que forma parte de un único proyecto. Según esto, los hexagramas que se obtienen con el lanzamiento de las monedas representan siempre los orígenes de una situación que se produce en aquel momento preciso. Tales orígenes darán resultados en función de la naturaleza de su nacimiento.

En cualquier caso, las mejores preguntas que se pueden formular al *I Ching* son las que hacen referencia a decisiones que todavía han de ser tomadas o a la forma de aprovechar al máximo una situación determinada, más que preguntas del tipo: «¿Qué sucederá?».

En el primer caso los consejos son siempre muy claros y convincentes y, si se siguen, pueden representar realmente nuestro punto de fuerza en cualquier momento, puesto que nos dan la posibilidad de guiar los acontecimientos, sin vernos alterados por ellos.

Gracias a sus consejos la persona es capaz de decidir libremente si seguir un camino o abandonarlo, y esto la hace plenamente responsable de su futuro.

Sin embargo, la impresión más extraordinaria que se siente con las respuestas del *I Ching* es el entrar en relación, no con un libro, sino con un ser vivo que conoce nuestra vida más que nosotros mismos.

Volvamos de nuevo a nuestras monedas, a cuyas caras hemos atribuido un valor de 2 a una y de 3 a la otra.

Ponemos un pañuelo en la mesa y encima colocamos el *I Ching*.

A continuación, en una hoja de papel escribimos la pregunta completa que queremos formular al Libro, agitamos las monedas con las manos y las lanzamos sobre la mesa. El resultado puede ser el siguiente:

$$2+2+2 = 6, \text{ o bien}$$
$$3+3+3 = 9, \text{ o bien}$$
$$2+2+3 = 7, \text{ o bien}$$
$$3+3+2 = 8.$$

Llegados a este punto hay que decir que el 6 y el 9 son líneas móviles, en tanto que el 7 y el 8 son líneas fijas, tal como se muestra a continuación:

El 6 es una línea Yin móvil   — —
El 7 es una línea Yang fija   ———
El 8 es una línea Yin fija   — —
El 9 es una línea Yang móvil   ———

Cuando en un hexagrama (signo compuesto por seis líneas obtenidas de seis lanzamientos de monedas) aparecen el 6 — — o el 9 ——— hay que formar un segundo hexagrama en el que aparecen las mismas líneas fijas del primero, pero con las móviles invertidas. El 6 se convierte en línea entera ——— y el 9 se convierte en línea fragmentada — —.

Veamos un ejemplo práctico.

Repitamos: se realizan seis lanzamientos de monedas y las líneas resultantes deben transcribirse en un papel una encima de la otra, o sea, empezando desde **abajo**. Por ejemplo, primer lanzamiento 6, segundo lanzamiento 7, tercer lanzamiento 8, cuarto lanzamiento 9, quinto lanzamiento 7 y sexto lanzamiento 9, que indicamos del siguiente modo:

    ——— 9 arriba
    ——— 7 en quinto lugar
    ——— 9 en cuarto lugar
    — — 8 en tercer lugar
    ——— 7 en segundo lugar
    — — 6 al principio

A continuación se debe buscar el número del hexagrama, para lo cual utilizaremos la tabla siguiente.

Se divide el exagrama obtenido en dos trigramas, superior e inferior:

    ———   — —
    ——— y   ———
    ———   — —

El punto de convergencia entre el trigrama superior y el inferior es el número 6.

Trigramas superiores ▶ Trigramas inferiores ▼	CH'IEN	CHÊN	K'AN	KÊN	K'UN	SUN	LI	TUI
CH'IEN	1	34	5	26	11	9	14	43
CHÊN	25	51	3	27	24	42	21	17
K'AN	6	40	29	4	7	59	64	47
KÊN	33	62	39	52	15	53	56	31
K'UN	12	16	8	23	2	20	35	45
SUN	44	32	48	18	46	57	50	28
LI	13	55	63	22	36	37	30	49
TUI	10	54	60	41	19	61	38	58

Veamos el segundo paso:

A causa de las líneas móviles (6 al principio, 9 en cuarto lugar y 9 arriba) el hexagrama se transforma de la siguiente manera:

— —   de entera a fragmentada

————

— —   de entera a fragmentada

— —

————

————   de fragmentada a entera

Este hexagrama lo dividimos también en dos trigramas y los buscamos en la tabla; el punto de convergencia de los dos trigramas es el número 60.

Finalmente nos quedan dos hexagramas, uno al lado del otro en el mismo papel, que son:

9 ————   — —
7 ————   ————
9 ————   — —
8 — —   — —
7 ————   ————
6 — —   ————

A continuación se deben consultar los significados del n.° 6 y del n.° 60, a partir de la página 32.

En el caso que hemos tomado como ejemplo, al tener el primer trigrama algunas líneas móviles, se lee la sentencia (que resume el concepto expresado por el exagrama), la imagen (el modelo analógico y simbólico a seguir) y el significado adivinatorio que dan la idea general de la situación en el momento en que se ha formulado la pregunta.

A continuación se leen las explicaciones de las líneas móviles, en nuestro caso 6 al principio, 9 en el cuarto lugar y 9 arriba, y se tiene una idea de lo que se debe hacer o de lo que ocurrirá, para hacer cambiar la situación que afecta a lo que se describe en el segundo hexagrama.

En cambio, del segundo hexagrama sólo hay que tomar en consideración el significado general, sin tener en cuenta las líneas por separado.

Si, por el contrario, las líneas del primer hexagrama son todas fijas, o sea 7 y 8, entonces la situación viene dada por lo que indica la sentencia, la imagen y el significado adivinatorio, y no prevé, por el momento, ningún cambio.

Al principio puede parecer complicado dominar todas las operaciones, pero con calma y un poco de práctica se llega a comprenderlo y a hacerlo funcionar perfectamente.

Las interpretaciones de la sentencia y de la imagen, que hemos intentado mantener lo más fieles posible al libro original, constituyen otra dificultad, puesto que en el original se usa un lenguaje arcaico, simbólico y florido.

Se tiene que comprender el sentido general, es decir, leer entre líneas, para poder adaptar la respuesta al tipo de situación a partir de la cual se ha formulado la pregunta al *I Ching*. Al cabo de poco tiempo ya se entiende el libro, y se siente la necesidad imperiosa de profundizar en él.

No hay que desmoralizarse, sino que se tiene que leer, sobre todo al principio, cada sentencia, imagen, significado adivinatorio y líneas móviles varias veces, y dejando transcurrir un tiempo, si se quiere penetrar realmente en el alma de la respuesta, cuyo significado puede resultar muy claro sólo después del segundo intento.

Ejemplo de pregunta

Imaginemos que se ha formulado la siguiente pregunta: «Tengo la intención de cambiar la orientación de mis estudios. ¿Qué estudios tendré que elegir?».

Para abreviar, supongamos que los seis lanzamientos no den el hexagrama que hemos analizado anteriormente: el n.º 6, y que por efecto de las líneas móviles se produce el n.º 60 como segundo hexagrama.

El n.º 6 corresponde a **SUNG - El conflicto**. La sentencia da rápidamente la primera respuesta «Eres sincero y no se te reconoce...».

La imagen reproduce una situación de conflictividad, en donde se destaca que el *hombre sabio* (es decir el o la consultante que actúa con sabiduría) analiza antes de actuar.

Y ahora pasamos a analizar las líneas móviles:

Seis al principio: el sentido es clarísimo y aconseja no exponerse para evitar errores.

Nueve en el cuarto lugar: una vez más el consejo de no cambiar.

Nueve arriba: el cambio no es imposible, pero resulta conveniente esperarse un poco.

A continuación se va al n.º 60, que corresponde al **CHIEH - La limitación.**

Ya no queda ninguna duda acerca del comportamiento que conviene

adoptar. En este momento, no resulta en absoluto positivo cambiar la orientación de los estudios.

A veces las líneas móviles pueden contradecirse. En tal caso se deben interpretar empezando por abajo, y se obtendrán una serie de situaciones consecutivas que indican un momento de una complejidad particular.

Consejos finales

La consulta del *I Ching*, el *Libro de las Mutaciones*, requiere, ante todo, seriedad en los intentos y un ánimo abierto a la sabiduría.

Solamente habrá que dirigirse al *I Ching* para realizar preguntas serias y siempre que no se pueda obtener una respuesta por medio del sentido común y la lógica.

No hay que dirigirse al *I Ching* para preguntas sin interés o por mera curiosidad.

No hay que formularle preguntas sobre la vida de los demás si no se está autorizado, y aun estándolo se requiere un gran tacto.

No se deben repetir las preguntas ya que el libro nos mandaría fuera del camino, o también se podría recibir una respuesta burlona, como le ocurrió a quien escribe. Efectivamente, después de haber formulado tres veces la misma pregunta apareció el n.º 4 Mêng —la inexperiencia (o insensatez) juvenil— cuya sentencia, en la traducción de R. Wilhelm, dice: «*No busco yo al joven insensato / el joven insensato me busca a mí. / Consultado una primera vez, yo doy respuesta. / Si él interroga dos, tres veces, es importuno*».

Si nuestra aproximación a este gran libro de oráculos y de sabiduría es humilde, y si estamos preparados para seguir sus consejos, nuestra vida podrá cambiar para mejor, y nosotros mismos lograremos obtener cada vez un poco más de claridad interior, calma y sabiduría y, sobre todo, ya nunca más nos sentiremos solos. Esto es lo que la autora desea a todos y a ella misma.

1. CH'IEN
EL PRINCIPIO CREATIVO-ACTIVO

SENTENCIA
Lo creativo da éxito sublime
Propicia es la perseverancia al actuar

IMAGEN
El movimiento del cielo es poderoso
Así el noble se hace fuerte e infatigable

Significado adivinatorio

El hexagrama, formado solamente por líneas yang, exalta los valores espirituales, la fuerza positiva y dinámica, y, muy especialmente, destaca el valor del tiempo. En definitiva, es un momento en que se puede, o mejor todavía se debe actuar, pero progresivamente, sin prisas, sin derribar nada ni a nadie. Gracias precisamente a la fuerza del tiempo, a la aceptación paciente de los ritmos, aunque a veces puedan parecer demasiado lentos, se puede obtener lo que se desea, siempre que ello no conlleve daño a otros. El ser humano tiene en su interior una fuerza primordial que demasiadas veces olvida que posee o que usa mal. En cambio, con el n.º 1, Ch'ien, hace falta actuar incansablemente y con cordura, amor, justicia y tenacidad. Los tiempos están suficientemente maduros como para que un comportamiento de este tipo produzca los mejores resultados. Se necesita apartar la superficialidad, usando en su lugar la máxima seriedad, independientemente de lo que está en juego.

Por lo tanto, cuando a una pregunta formulada al *I Ching* se manifiesta el hexagrama n.º 1, se debe actuar según lo dicho en estas líneas.

Aplicación práctica

Amor
Felicidad y satisfacciones por parte de quien se ama o de aquellos con quienes se tienen vínculos afectivos. Consolidación o buen inicio de nuevas relaciones que serán duraderas. Pero hay que tener paciencia y cultivar con cortesía, sin forzar las situaciones, la relación con la persona que nos interesa, respetando sus ritmos. En general, serenidad, fidelidad y previsión de un futuro sereno.

Trabajo y finanzas
Momento favorable para el inicio de nuevas actividades que en el tiempo resultarán más que satisfactorias, siempre y cuando se actúe con calma y sentido

común. No hay que omitir nada, y llevar el proyecto hacia delante paso a paso, con las ideas claras y con seriedad. Éxito en el campo en el que se trabaja, como fruto de un comportamiento correcto y de una buena capacidad de decisión.

Salud
No hay nada que temer, puesto que la constitución física es excelente y, por el momento, no existen riesgos de enfermedades. La fuerza vital ayuda a la autocuración en caso de alteraciones anteriores que hubieran podido dejar alguna secuela. El sol especialmente, y los lugares cálidos en general, son beneficiosos en cualquier situación, junto a curas naturales de naturaleza yang.

Consejos generales
Calma y paciencia si se desea alcanzar la meta prefijada. Nuestras capacidades interiores son grandes y nos permiten actuar en cualquier dirección, siempre respetando los ritmos naturales de las cosas y sin tener prisa nunca. Actuando de esta forma el éxito está asegurado.

Significado de cada línea

Nueve al principio
Es necesario esperar tranquilamente, sin usar inútilmente la fuerza disponible. El momento de actuar todavía no ha llegado, pero esto no significa que se deban dejar a un lado las esperanzas.

Nueve en segundo lugar
Es el inicio de un periodo favorable en el que es posible demostrar las capacidades personales. Si se coincide con una persona de alto valor moral, es útil entrar en contacto con ella y pedirle, eventualmente, ayuda y consejo.

Nueve en tercer lugar
El éxito podría parecer asegurado, ya que las personas del entorno manifiestan su disponibilidad. Pero este es precisamente el momento en que no hay que dejarse llevar por las ilusiones fáciles y se debe mantener iluminada la consciencia.

Nueve en cuarto lugar
Es el momento de la decisión: acción o renuncia. Las indicaciones sobre el camino a seguir se deben obtener solamente del interior de uno mismo. Actuando con honestidad y sensibilidad no se cometerá ningún error.

Nueve en quinto lugar
Se obtendrá todo lo que se desea gracias a un comportamiento equilibrado, y a particulares situaciones favorables. Encuentros de alto nivel o, al menos, apoyo por parte de personas de un cierto valor.

Nueve arriba
Es totalmente necesario no rebasar las propias fuerzas o ser excesivamente ambiciosos. Cualquier actitud de soberbia no conduciría a otra cosa que a la vanificación del trabajo realizado y a la pérdida de lo que se había conquistado.

Si en el lanzamiento de las monedas se obtienen todas las líneas móviles, el signo Ch'len se transforma en K'un (2), el principio receptivo. Esto significa que, para alcanzar lo que se desea, la decisión y la actividad deben ir unidas a la cortesía y a la sensatez.

2. K'UN
EL PRINCIPIO RECEPTIVO-PASIVO

SENTENCIA
Lo creativo da éxito sublime
Propicia es la perseverancia al seguir

IMAGEN
La tierra está hecha para acoger
Así el noble acepta las fuerzas terrestres

Significado adivinatorio

El hexagrama compuesto únicamente por líneas yin es exactamente opuesto al anterior.

Mientras que en el n.º 1, Ch'ien, se exalta la actividad y la capacidad decisoria, en el n.º 2, K'un, se exalta la pasividad y se aconseja seguir el camino de los demás. No se trata de sumisión, sino de integración, ya que en la base de la vida se encuentra la fuerza yang, positiva, y la fuerza yin, negativa. La vida no puede transcurrir si falta una o la otra y, por consiguiente, ambas tienen la misma importancia. Pero una no puede sustituir a la otra. Quien recibe este hexagrama ha de ser consciente de esta cualidad y no pretender imponer su propia voluntad a la de los demás, ni tampoco tomar decisiones sin tener en cuenta el pensamiento de otras personas. Si se atiene a esta regla puede tener suerte y lograr lo que se propone. En caso contrario, corre el riesgo de equivocarse, y perjudicar a los demás y a sí mismo.

Por lo tanto, en cualquier tipo de pregunta que se le formule al *I Ching*, cuando se manifiesta el hexagrama n.º 2 hay que actuar tal como exponemos.

Aplicación práctica

Amor
No tomemos iniciativas, sino que debemos cultivar en nuestro interior el sentimiento que está naciendo. Así llegaremos a comprender su verdadera fuerza y nuestro comportamiento hará penetrar, poco a poco, en el corazón de la persona que nos interesa, la fuerza de nuestro amor. Evitemos las actitudes demasiado decididas y exhibicionistas. Las eventuales rupturas serán curadas con la dulzura y la sumisión incondicional.

Trabajo y finanzas
No es el momento de actuar o de cambiar, sino de esperar a que otros actúen en nuestro lugar. Hay que seguir el posible consejo que nos puedan dar, en especial una mujer, aunque también

deberemos seguir nuestra inspiración interior. En el trabajo sepamos ser discretos y reservados, pero manteniéndonos atentos a lo que ocurre.

Salud
Quizás hemos infravalorado alguna molestia que podría echar raíces profundas y crearnos algún problema en el futuro. Hagamos una revisión general de nuestro estado físico y, por otro lado, procuremos alimentarnos mejor. La arcilla podría ayudarnos, pero antes hay que consultar al médico.

Consejos generales
Por el momento es preferible no tomar iniciativas porque todo llegará en el momento oportuno. No dudemos en seguir, con humildad y fuerza de ánimo, a las personas con más fuerza que nosotros o con mayor capacidad decisoria. Seamos cautos y previsores, y escuchemos nuestra sensibilidad psíquica, que es mejor que el pensamiento racional.

Significado de cada línea

Seis al principio
No nos movamos y, a ser posible, retrocedamos en las iniciativas que hayamos tomado. Si perseveramos en nuestra actitud correremos peligro. Se trata simplemente de tener paciencia: el momento oportuno para pasar a la acción llegará.

Seis en segundo lugar
Actuando con mucha sinceridad con nosotros mismos y sin tomar posturas

que no son las nuestras propias, podemos estar seguros de que alcanzaremos lo que deseamos. La naturaleza debe seguir su curso sin ser forzada.

Seis en tercer lugar
Seamos perseverantes y cumplamos con nuestro deber, aunque de momento no parezca gratificante. El momento del éxito y del reconocimiento llegará a su debido tiempo. Forzar ahora la situación y ponerse demasiado en evidencia sería un grave error.

Seis en cuarto lugar
Seamos esquivos y reservados en cualquier situación difícil. Guardemos nuestros pequeños secretos y no divulguemos lo que sepamos de personas ajenas. No nos opongamos a nadie y guardemos para nosotros mismos las consideraciones que hacemos.

Seis en quinto lugar
Discreción y moderación en el comportamiento. Rechacemos el protagonismo, aunque creamos que tenemos un cierto poder sobre los demás. Nuestra fortuna consiste en conservar la modestia precisamente cuando parece que hemos llegado arriba.

Seis arriba
Seamos conscientes de lo que somos capaces de hacer y no nos pongamos metas superiores a las propias fuerzas. Si estamos en el lugar justo, nuestras capacidades serán reconocidas; si nos colocamos por encima, el batacazo podría ser tremendo.

3. CHUN
LAS DIFICULTADES DEL INICIO

SENTENCIA
*Perseverancia en las dificultades
conduce al éxito
Propicio en buscar ayuda*

IMAGEN
*El cielo está tempestuoso
Pero el sabio con paciencia consigue
ver claro*

Significado adivinatorio

Todo lo que está a punto de nacer comporta fatiga y sufrimiento. Igual que la primera hoja que brota en la tierra, igual que el pollito que sale del huevo. Pero también crea confusión porque todavía no se sabe lo que va a ocurrir inmediatamente después. De la misma manera, los seres humanos, cuando todavía no han encontrado el lugar que les corresponde en el mundo, se mueven con dificultad y crean problemas, y necesitan ayuda para aprender a comportarse de la manera más adecuada. Este es, fundamentalmente, el mensaje del hexagrama n.º 3. En consecuencia, ante las dificultades hay que saberse mover adecuadamente para evitar daños y para lograr «salir a flote» nuevamente. Para poner orden, para encontrar el buen camino, se necesita la humildad de pedir ayuda a alguien que sepa más, a una persona que por experiencia o por amor desinteresado pueda ayudarnos a desenredar todos los nudos de las dificultades. Naturalmente, sin abandonarse, sino colaborando con dicha persona. El resultado dependerá de la voluntad de ordenar la vida o aquellos ámbitos en donde reina la confusión, de cómo nos movemos y de las relaciones sociales creadas.

Aplicación práctica

Amor
Si la relación todavía tiene que iniciarse, la conquista no será ni simple ni fácil, pero tampoco imposible. En una relación ya existente pueden añadirse dificultades de distintos tipos que podrán ser superadas con humildad y buena voluntad. En ambos casos podrán ser una ayuda las amistades comunes que facilitarán el inicio o la reestabilización de la relación.

Trabajo y finanzas
Se requiere perseverancia y buena voluntad, sin dejarse vencer por las dificultades. La solución de los problemas, tanto si se trata de un trabajo nuevo, como si se refieren a actividades ya

existentes, pueden estar al alcance de la mano, pero se necesita una ayuda externa. Podría tratarse de un préstamo o de una buena palabra por parte de una persona que nos tiene en su estima.

Salud
Si todavía no lo hemos hecho, tendremos que hacernos visitar por el médico, ya que no debemos hacernos ilusiones de que nosotros solos podamos apañárnoslas para reestablecer la armonía del cuerpo y del espíritu. Después de un periodo de dificultades, siguiendo el tratamiento prescrito sin ninguna transgresión, se obtendrá una mejoría radical. Lo importante es no deprimirse y no transgredir voluntariamente la terapia aconsejada.

Consejos generales
No nos dejemos afligir por ningún problema, y esforcémonos en encontrar a las personas que, con su consejo o su actuación, puedan solucionarnos los problemas o ayudarnos a alcanzar lo que deseamos. Podemos estar seguros de que sabremos agradecerlo. No nos aislemos.

Significado de cada línea

Nueve al principio
Se presentan dificultades que no serán insuperables si se sabe elegir la ayuda más adecuada. No hay que quedarse quieto esperando a que pase lo peor, sino que debemos actuar a través de dicha persona, sin dejar nada por intentar, sea cual sea el tipo de dificultad.

Seis en segundo lugar
Los obstáculos y las dificultades parece que van en aumento. La solución podría

estar al alcance, pero esta comportaría un precio demasiado alto en términos de libertad personal. Reflexionemos y tomemos decisiones después de haber valorado las posibilidades.

Seis en tercer lugar
No nos obstinemos en una toma de posición equivocada desde el principio. Perseverancia no significa testarudez. No sólo habrá que esperar tiempos mejores, sino que también habrá que retroceder de las posiciones que creíamos haber alcanzado. Analicemos globalmente la situación.

Seis en cuarto lugar
Aunque nuestro orgullo intente impedirnos que pidamos y aceptemos ayuda de una tercera persona, es absolutamente necesario actuar con mucha humildad, conscientes de nuestros límites personales. Llegará el momento del triunfo, pero sólo entonces podremos demostrar quiénes somos.

Nueve en quinto lugar
No se nos comprende, y mucho menos son comprendidas nuestras acciones. No nos deprimamos y tengamos fe en nuestras posibilidades. Avanzando a pasos pequeños y actuando con la máxima reserva obtendremos lo que nos corresponde.

Seis arriba
No hemos valorado suficientemente las dificultades que nos esperaban. Hemos acabado en el fondo de un pozo y no sabemos cómo salir de él. No nos desmoralicemos y reunamos todas nuestras fuerzas para empezar desde el principio. Será duro, pero volveremos a encontrar el camino.

4. MÊNG
LA INEXPERIENCIA JUVENIL

SENTENCIA
Éxito y progreso en la perseverancia
No hay que molestar al sabio más
de una vez

IMAGEN
Al pie del monte, la fuente de la juventud
El noble alimenta su «yo» con seriedad

Significado adivinatorio

Si en el n.º 3, Chun, se representa la dificultad de la hoja que nace, en este hexagrama se representa el individuo que ya ha nacido pero que es inexperto e incapaz de encontrar pronto el buen camino y de aprender a comportarse como se debe. Así, a veces nos detenemos ante el peligro, en lugar de proseguir como hace el agua, que prueba en todas las vías equivocadas antes de encontrar el cauce y continuar sin dificultades su camino. Para superar los peligros indicados por el n.º 4 es necesario moverse constantemente, sin detenerse nunca. Pero para hacerlo hace falta pedir consejo a alguien que sepa más que nosotros y, sobre todo, seguir su consejo, ya que es inútil valerse del saber de otra persona y no usarlo. La inmadurez puede superarse con cualquier práctica o técnica que acostumbre a la responsabilidad, a afrontar correctamente las dificultades de cualquier orden, en lugar de huir de ellas. Todo ello hasta que no se encuentre la línea recta de comportamiento que las anule por completo. En resumen, el hexagrama n.º 4 dice que las dificultades y los errores de la juventud se pueden superar con la ayuda de un maestro que nos enseñe a proceder de manera correcta.

Aplicación práctica

Amor
Los comportamientos precipitados e infantiles, sin sentido común o movidos por una emotividad excesiva, pueden hacer naufragar una relación ya existente. Igualmente, en el caso de una historia sentimental que todavía no se ha iniciado es necesario mostrar una cierta madurez porque el comportamiento ligero tendría efectos desastrosos.

Trabajo y finanzas
Es inútil emprender proyectos poco fiables aunque tengan un cierto encanto. Sería útil el consejo de un experto. Quien busca trabajo debe especiali-

zarse en alguna rama o prepararse para superar pruebas de selección. Quien ya trabaja debe evitar comportamientos poco ortodoxos que podrían repercutir en los resultados. De todos modos, es importante aprender más cosas.

Salud
Todo está por normalizar, desde la actividad sexual hasta la alimentación. Se tienen que evitar todos los excesos e imprudencias. El sistema nervioso necesita ser reforzado con métodos de autodisciplina. El yoga o la psicodinámica podrían resultar de gran utilidad. También es necesario encontrar un médico que haga un poco de padre.

Consejos generales
Es conveniente aplazar los proyectos hasta que sepamos más cosas. Existe el riesgo de cometer errores garrafales debidos principalmente a la incompetencia en ciertas áreas. Respetemos las normas si no queremos sufrir castigos, y no mintamos, ni siquiera a nosotros mismos.

Significado de cada línea

Seis al principio
Educación no significa coerción. Así, si tenemos alguna dificultad de relación, es inútil sostener una actitud acusatoria o de despecho. Mejor dar ejemplo con un comportamiento correcto y no reivindicativo.

Nueve en segundo lugar
La tolerancia es necesaria en las relaciones con el prójimo, especialmente con los más ancianos. Obviamente, la cortesía, la amabilidad y la responsabilidad pueden ser un camino para alcanzar lo que se desea.

Seis en tercer lugar
No hay que imitar a quien parece más fuerte que nosotros. Sería un error que nos podría inducir a realizar algún disparate. Nuestra vida es nuestra, y debe ser vivida siguiendo el núcleo central de nuestra personalidad. Los otros comportamientos estarían equivocados.

Seis en cuarto lugar
La obstinación y la terquedad unidas a la inmadurez no producen más que disgustos y humillaciones. Nosotros tendremos que decidir si nos interesa o no seguir manteniendo esta conducta. Si el problema afecta a terceras personas, dejemos que ellas solas comprendan sus errores.

Seis en quinto lugar
La ingenuidad y la inocencia, aunque no es del todo coherente, también pueden ayudarnos en la vida. Lo importante es que en el pensamiento no haya trasfondos. Mejor aún si nos confiamos a alguien de sabiduría contrastada.

Nueve arriba
No cometamos abusos y, al mismo tiempo, no dejemos que abusen de nuestra persona. Huyamos de cualquier forma de violencia, que más que inútil sería perjudicial, y evitemos ofender a quien no se ha comportado correctamente con nosotros.

5. HSÜ
LA ESPERA CONSTRUCTIVA

SENTENCIA
Si vives con la verdad y eres sincero
tendrás fortuna
La perseverancia conduce al éxito

IMAGEN
La lluvia benéfica está a punto de llegar
Durante la espera es conveniente
prepararse
Favorable es el paso del río

Significado adivinatorio

El momento de la gran alimentación, o sea del éxito, está a punto de llegar. Por el momento no se tiene que hacer nada para reclamarlo, puesto que los tiempos todavía no están maduros. Pero, convencidos de su llegada, tenemos que estar preparados para acoger como se debe los dones que el cielo mandará. La espera no tiene que ser pasiva, sino que debe ser usada de la mejor de las maneras. ¿Cómo? Nutriendo el espíritu y el alma, afinando la capacidad de amar, experimentando nuevas técnicas cognoscitivas, preparando el cuerpo para fatigas mayores, etc. En el hexagrama se destaca la importancia que juegan la serenidad y la vida interior, para que el periodo de espera se convierta realmente en un periodo fecundo y no pasivo. Muchas veces, cuando se está esperando a que se cumpla algo que deseamos, lo único que conseguimos es ser presas del ansia. En cambio, con el n.º 5 hay que imaginarse que se ocupa la espera sentado en la mesa de un banquete (puede tratarse de alimentos materiales o bien espirituales). Es importante tener las ideas claras, y ello sólo es posible después de una profunda reflexión.

Aplicación práctica

Amor
Es conveniente controlar la impulsividad, que sólo nos dictaría pasos erróneos. En este momento el objeto de nuestro amor no tiene que recibir presiones de ningún tipo, pero a la vez tiene que estar seguro de nuestros sentimientos. Manifestarse de vez en cuando a través de una nota, por teléfono o con un breve saludo, pero sin ninguna presión. Si podemos, realicemos un viaje.

Trabajo y finanzas
Todavía no ha llegado el momento de tomar iniciativas en ningún sentido, sobre todo si queremos realizar cambios. Ante propuestas que pueden parecer muy positivas es mejor tomarse un

tiempo para responder, en el transcurso del cual podríamos averiguar algunos aspectos negativos, o también podríamos recibir otras propuestas más adecuadas a nuestras características. Reflexionemos antes de actuar.

Salud
Si debemos someternos a tratamientos drásticos o a intervenciones quirúrgicas, estemos seguros de que es totalmente necesario. Quizás es más conveniente replantearse el estado global de nuestro cuerpo y de nuestra psique, y seguir nuevos tipos de terapias suaves, así como cambiar el estilo de vida. Una atención particular a la comida también podría resultar de gran utilidad.

Consejos generales
Cualquier tipo de iniciativa está desaconsejada; es preferible esperar que algo se produzca de motu propio. Sin embargo, no nos dejemos arrastrar por la pereza. Esto sólo serviría para enturbiarnos la mente, cuando precisamente debe estar en máxima alerta para intervenir en el momento oportuno.

Significado de cada línea

Nueve al principio
No nos expongamos, sea cual sea el problema. Esperemos con paciencia a que algo se mueva, y mientras tanto pensemos con calma y ponderación los pasos que realizaremos cuando llegue el momento. Seamos fieles a nuestras convicciones, pero manteniéndonos aparte.

Nueve en segundo lugar
Oiremos rumores referentes a otras personas o a nosotros mismos. Mantenga-

mos la calma y no demos la menor importancia a este tipo de informaciones. Sólo sirven para enturbiar las aguas. Nuestro saber y nuestra tranquilidad estarán por encima de todos y de todo. Podemos estar seguros de ello.

Nueve en tercer lugar
Hubiéramos tenido que movernos antes. Ahora ya no es posible, aunque pueda parecer necesario. En efecto, nos estamos dando cuenta de que nos encontramos sobre arenas movedizas. Intentemos rodear las dificultades, quizá cambiando de objetivo o buscando la ayuda de alguien que sepa más.

Seis en cuarto lugar
Línea todavía más complicada que la anterior, puesto que representa una situación de difícil solución en el estado actual de las cosas. Sepamos afrontar las dificultades con presencia de ánimo y con compostura, evitando echar las culpas a todo el mundo.

Nueve en quinto lugar
Lograremos superar las dificultades con la fuerza de nuestra personalidad, que debe mantenerse firme y constante. Esto nos permitirá dar los pasos oportunos cada vez que sea necesario, de modo que, entre un paso y el siguiente, podamos descansar.

Seis arriba
Aunque nos encontremos en una situación embarazosa o ahogados por las dificultades, tenemos la posibilidad de salir adelante con la ayuda de alguien o de algo que se presentará de manera un poco extraña. Tenemos que permanecer con los ojos abiertos para poder reconocer el asidero.

6. SUNG
EL CONFLICTO

SENTENCIA
Eres sincero y no se te reconoce
Detenerse a medio camino da salud
Propicio ver al gran hombre
No propicio atravesar la gran agua

IMAGEN
El cielo y la tierra se separan
Es la imagen del conflicto
El hombre sabio sabe valorar antes
de actuar

Significado adivinatorio

Cuando las dos mitades de un mismo núcleo se separan significa que entre ellas ha surgido un conflicto. Ello conduce irremediablemente a incomprensiones de distinto tipo, por lo cual es preferible detenerse a medio camino para no dejarse involucrar en la dinámica de la disputa. Esto no siempre es posible pero hay que intentarlo. Ante todo, podría ser necesario aclarar la situación con la persona que se opone a nosotros sin que, por otra parte, esto nos autorice a seguir adelante en nuestro empeño, con una obstinación digna de mejor causa. Frente a las personas que están convencidas de tener la razón y se comportan con vehemencia, por el momento es mejor hacer marcha atrás y aguantar. Lo mismo ocurre si se quiere emprender algún tipo de iniciativa e inmediatamente aparecen las dificultades. Es mucho mejor dejarlo correr y evitar peleas con quienes se oponen. Sería más recomendable cambiar de programa o realizar pequeños cambios, aunque tengamos la certeza de tener la razón. La misma consideración sirve para cualquier tipo de conflicto: nunca hay que llevar hasta el último extremo las controversias; es más, debemos procurar actuar con un poco de comprensión.

Aplicación práctica

Amor
Es muy probable que las divergencias de carácter sean tan marcadas que conduzcan a la ruptura de la relación. También es posible que se produzcan traiciones u otros tipos de engaño, ya que no se trata de amor verdadero sino de un sentimiento dictado, quizás inconscientemente, por la rivalidad. Si la relación está todavía por iniciarse, o si está en sus comienzos, es mejor cortarla rápidamente.

Trabajo y finanzas
En este apartado tampoco se prevé nada bueno. Tanto si se depende de alguien como si se trabaja por cuenta propia se

corre el peligro de enfrentarse con los colegas, con los socios y con los clientes. Sería oportuno encontrar alguien que pudiera dirimir las controversias o que, de algún modo, pudiera servir de enlace entre nosotros y los demás. Procuremos controlar la emotividad y mantengamos la calma.

Salud
A pesar de que la constitución de base está sana, es posible que se produzcan alteraciones debidas a la tensión. Si no nos cuidamos corremos el riesgo de sufrir un agotamiento nervioso que nos hará más irascibles que nunca. Busquemos la solución preferiblemente con remedios naturales que puedan servir para calmar la agitación y procuremos practicar el yoga u otro tipo de actividad que nos permita recobrar la paz interior.

Consejos generales
No nos pongamos en condiciones de tener que discutir. Evitemos a toda costa las controversias y, en el caso de que sea imposible, encontremos la forma de zanjarlas con rapidez. Meditemos sobre la forma de reorganizarnos y reconsideremos nuestras posiciones si estas son motivo de diatribas sin fin.

Significado de cada línea

Seis al principio
Evitemos tener que exponer nuestras ideas a quienes sabemos a priori que no estarán de acuerdo con nosotros. Es muy probable que corran habladurías, pero nosotros prescindiremos de ellas si realmente queremos encontrar la solución a los problemas que nos acosan. Actuemos con reflexión.

Nueve en segundo lugar
No tengamos un falso sentido del honor y retirémonos de una situación difícil siempre que estemos a tiempo. No sólo no sufriremos ningún daño, sino que además podremos reunir fuerzas para una futura intervención que resultará exitosa.

Seis en tercer lugar
No nos opongamos a los superiores jerárquicamente sino que, por el contrario, les deberemos ser fieles. Mirando por sus intereses, también velamos por los nuestros. Como norma general, sigamos un código de honor, aunque nos parezca que no es provechoso para nuestros intereses.

Nueve en cuarto lugar
Deberemos cambiar nuestras opiniones y quedarnos en segundo plano si no queremos fomentar la discordia. No es el momento de llevar la lucha hasta el final, sino más bien de renunciar a ella o, por lo menos, de no seguir poniendo el dedo en la llaga.

Nueve en quinto lugar
Es mejor no retirarse y continuar la discusión, aunque haya que llegar a los tribunales. La razón está de nuestro lado y nadie podría afirmar lo contrario, pero se necesita a la persona idónea que diga la última palabra.

Nueve arriba
Hay que recobrar la paz del alma e intentar convivir con el conflicto permanente. Una primera victoria que nos ha dado la ilusión de que las controversias habían finalizado, vendrá seguida de otros problemas con una serie interminable de disputas. Mejor afrontarlos con resignación.

7. SHIH
LA ARMADA

SENTENCIA
La armada necesita un capitán experto,
sólo así puede actuar con fortuna

IMAGEN
La potencia de la armada es invisible
como el agua dentro de la tierra
El ser superior conquista secuaces
con su generosidad

Significado adivinatorio

Igual que el agua en la tierra representa una gran fuerza disponible en el momento de necesidad, el ser humano puede reunir en sí mismo todas las fuerzas que necesita. El hexagrama n.º 7 representa una situación difícil que solamente puede conducirse con la organización y sacando el máximo partido de las fuerzas interiores que gobiernan a cada individuo. Si quien tiene que adoptar las estrategias o tomar las decisiones no es capaz de hacerlo por sí solo, puede pedir ayuda a otras personas, demostrándoles de alguna manera el agradecimiento por ello. Es importante ser siempre justos y generosos. En cualquier situación que nos hallemos, el consejo de Shih es encontrar el punto fuerte dentro de nosotros mismos, aquel punto que puede permanecer en silencio durante toda la vida si las situaciones no lo requieren pero que, llegado el momento, puede emerger con toda su fuerza. Así, quien vive tranquilo en tiempos de paz puede convertirse en un soldado valiente en tiempos de guerra sin, por otro lado, perder ninguna de sus virtudes ni la estima de quien está a su lado. Al contrario, sus méritos serán mayores.

Aplicación práctica

Amor
La relación es difícil, los sentimientos son violentos y nos pueden alejar de nosotros mismos. ¿Estamos seguros de que el objeto de nuestro amor es realmente aquel que creemos? ¿No estamos perdiendo el tiempo en algo que no merece la pena? ¿Dónde ha ido a parar nuestra capacidad crítica? Sólo después de haber respondido a estas preguntas podremos continuar la lucha para obtener lo que queremos.

Trabajo y finanzas
Las dificultades son muchas y nos parecen superiores a nuestras fuerzas. No encontramos trabajo, o bien el que tenemos no nos satisface y nos crea

grandes dificultades. Los asuntos no marchan bien. No nos desanimemos. Activemos todas nuestras capacidades latentes, apoyémonos en otras personas o pidamos su colaboración y, no sin grandes fatigas, lograremos salir adelante.

Salud
Es un periodo de grandes esfuerzos y de nerviosismo, desde el punto de vista físico y psíquico. Muy probablemente esta situación está originada por un tipo de vida que no nos satisface. Hagamos un examen de conciencia y, si es necesario, tendremos que recurrir a alguien que nos ayude a comprendernos. Después de esto desaparecerán incluso los problemas físicos, y recuperaremos la energía.

Consejos generales
En cualquier tipo de situación que debamos afrontar procuremos descubrir los aspectos ocultos, que pueden resultar los más fuertes y los más peligrosos. Actuemos con conciencia y decisión. Consultemos con otras personas si realmente tenemos plena confianza en ellas y siempre que no sea posible actuar solos aprovechando la fuerza de nuestro amor propio.

Significado de cada línea

Seis al principio
No tomemos decisiones y no intervengamos sin haber valorado antes todos los aspectos de un problema. Además, tenemos que adoptar un método que mantenga a salvo nuestros proyectos. Seamos disciplinados y conscientes de lo que vamos a hacer.

Nueve en segundo lugar
Se necesita valor, resolución y sentido común a la hora de afrontar los problemas que nos asedian. Pero también será necesario respetar los deseos y la sensibilidad ajenos. Si sólo tenemos en cuenta nuestros intereses quedaremos mal ante los demás y no obtendremos nada.

Seis en tercer lugar
Corremos el riesgo de tomar decisiones que no somos capaces de valorar. Así anularíamos beneficios obtenidos anteriormente y nos veríamos volcados al fracaso. Pero si nos detenemos a tiempo y reflexionamos profundamente, podremos elegir la mejor opción.

Seis en cuarto lugar
Volvamos a nuestras decisiones e ideas antes de que sea demasiado tarde. Por el momento no existe ninguna posibilidad de lograr lo que deseamos. Pero esto no será definitivo. Al contrario, en una próxima ocasión el éxito será posible.

Seis en quinto lugar
Quizá hemos perdido una batalla pero no la guerra. Aprovechemos una debilidad momentánea de nuestro oponente para concentrar las fuerzas y pasar al contraataque. Será la forma más rentable, pero hará falta mucha inteligencia.

Seis arriba
Aunque alguien nos ayude o nos haya ayudado no nos excedamos en el trato amistoso. Cada cual debe estar en su lugar, y una confianza excesiva podría traducirse en una falta de respeto. Hay que prestar mucha atención a ello, especialmente en el entorno laboral.

8. PI
LA UNIÓN

SENTENCIA
La unión aporta salud
Consulta otra vez el oráculo
para saber si eres capaz de actuar

IMAGEN
Tierra y agua: imagen de la unión
Los reyes de la antigüedad daban tierras
y mantenían relaciones de amistad

Significado adivinatorio

Todos los ríos, todos los cursos de agua terminan en el mar, en donde constituyen una gran fuerza. Simbolizan la unión y la solidaridad, gracias a la cual incluso los seres débiles pueden constituir una gran potencia. Así, en la vida, ante todo hay que conocerse a fondo para saber si se tiene la fuerza necesaria para estar al mando de cualquier tipo de proyecto. Si la respuesta, con mucha sinceridad, es negativa, es preferible unir las cualidades personales de uno mismo a las demás personas, para crear en conjunto una gran fuerza. Naturalmente, para efectuar esta valoración y para tomar la decisión consiguiente hace falta actuar con total humildad. Con el hexagrama n.º 8 esto es absolutamente indispensable. En cambio, quien quiere actuar solo, sin tener la fuerza necesaria, con toda seguridad se verá conducido al fracaso, mientras que quien opta por seguir este camino encontrará a otras personas con intereses afines. Por lo tanto, el consejo es consultar otra vez al oráculo antes de realizar cualquier paso cuando todas las líneas aparecen fijas, mientras que si se presentan líneas mutables, la respuesta final viene dada por el segundo hexagrama.

Aplicación práctica

Amor
La opinión del *I Ching* es bastante imprecisa, ya que la solidaridad es todavía una meta y no un punto de partida. La situación no es precisamente de las más tranquilas y conviene seguir los consejos explicados en el significado adivinatorio. En resumidas cuentas, examinemos de nuevo nuestros sentimientos para ver si realmente son sinceros, después busquemos buenos apoyos y, al cabo de un tiempo, consultemos otra vez el oráculo.

Trabajo y finanzas
Para lograr aquello que se desea, para incrementar los negocios y los benefi-

cios, hace falta actuar en concordancia con los demás. Esta es la única forma de obtener lo que se desea. Solos es muy difícil. Sin embargo, no conviene dejar que transcurra demasiado tiempo, puesto que todo acabaría siendo inútil. Se ven favorecidas las asociaciones y las sociedades, pero entre personas sinceras.

Salud
Las previsiones son más que optimistas, pero tenemos que seguir una dieta adecuada a nuestras necesidades. Es aconsejable confiar en la opinión de alguien competente y realizar algún curso para el reequilibrio psicofísico. Si el problema ya lo estamos sufriendo, es preferible oír varias opiniones y acabar teniendo en cuenta al que comprenda por completo la situación.

Consejos generales
En cualquier pregunta, cuando la respuesta está representada por el hexagrama n.º 8, Pi, no hay nada negativo, pero tampoco definitivo. Se aconseja seguir las líneas del significado adivinatorio general y, al cabo de un cierto tiempo, consultar nuevamente al *I Ching* para obtener una respuesta definitiva.

Significado de cada línea

Seis al principio
Sólo con la franqueza y la lealtad lograremos superar todos los problemas. No harán falta palabras, ni mucho menos discusiones. Lo que contará será la sinceridad que emanará nuestro comportamiento y que a buen seguro nos traerá fortuna.

Seis en segundo lugar
Con dignidad y firmeza en cualquier situación despertaremos la simpatía de los demás. Tendremos que unirnos a personas igualmente nobles y no busquemos el soporte de alguien que consideramos superior mediante la adulación o el engaño. Sería perjudicial.

Seis en tercer lugar
Estamos cometiendo un error al relacionarnos con alguien que no es una persona seria y correcta. Procuremos abrir bien los ojos para unirnos solamente a quien sentimos como similar por educación y sensibilidad.

Seis en cuarto lugar
Si consideramos a alguien como un sabio a quien tomar como referencia, no dudemos en seguirlo y en pedirle consejos. Pero luego no nos comportemos de forma contraria tomando caminos distintos. En el trabajo deberemos estar del lado de quien demuestre ser capaz.

Nueve en quinto lugar
Hay un camino para salir del enredo en el que estamos, o en el que corremos el peligro de encontrarnos. Si no lo aprovechamos cometeremos una larga serie de errores con el riesgo de ver afectada nuestra reputación. Seamos espontáneos en todas las situaciones.

Seis arriba
Por desgracia, nada funciona como hubiéramos deseado, aunque gran parte de la culpa es nuestra. No logramos o no hemos logrado seguir una línea de conducta y nuestro comportamiento ha sido desconsiderado. Lástima. Nos servirá de experiencia.

9. HSIAO CH'U
LA FUERZA DE LA DEBILIDAD

SENTENCIA
El cielo está lleno de nubes
pero la lluvia no cae todavía
Aún no es el momento de actuar

IMAGEN
Sopla el viento en el cielo
pero no produce efectos grandes
y duraderos
El noble se prepara a sí mismo

Significado adivinatorio

A pesar de que las dificultades no son tan grandes como nos parecen, nos sentimos bloqueados e incapaces de actuar. Nada es particularmente desfavorable. Simplemente ocurre que todavía no ha llegado el momento de que se produzca aquello que nosotros deseamos, y los obstáculos, aunque pequeños, pueden parecer gigantes. No hay que irritarse, sino que más bien debemos mantenernos firmes y sólidos como una roca, aunque exteriormente nos adaptemos a las circunstancias. Mostrémonos amables y llenos de atenciones hacia quien consideremos un enemigo. Lo importante es no perder las convicciones personales ni el objetivo final. Si nos encontramos en una situación en la que algo (poder, persona o hecho) es más fuerte que nuestra voluntad, dejemos que se manifieste sin combatirlo abiertamente: mostrémonos dispuestos y de buen humor. Esto constituirá nuestra fuerza y nos permitirá mantenernos firmes a pesar de las dificultades. No reaccionemos pretendiendo imponer nuestra opinión, o exhibiendo una fuerza que en realidad no poseemos. Sería un error que nos haría perder las esperanzas en el éxito.

Aplicación práctica

Amor
Existe un riesgo fundado de que las dificultades materiales puedan constituir un obstáculo para la relación. Si creemos en nuestro sentimiento tenemos que saber ser amables en los momentos difíciles y tener paciencia para esperar tiempos mejores que nos permitan llevar adelante o consolidar la relación. En este momento lo único favorable es la espera atenta y paciente.

Trabajo y finanzas
Tenemos que ser muy cautos, avanzar a pasos pequeños y dedicarnos a asuntos de poca envergadura. En este momento todo lo que es «grande» es inalcanzable. Por esta razón nos conviene con-

tentarnos con lo que tenemos y evitar cualquier tipo de ostentación. No contraigamos deudas, ni aunque las cuotas sean pequeñas, si no estamos seguros de poderlas pagar. No realicemos compras por encima de nuestras posibilidades. No perdamos de vista nuestros objetivos.

Salud
Si recientemente hemos padecido algún tipo de alteración es impensable que desaparezca de golpe. Debemos tener todavía un poco de paciencia y contentarnos con pequeñas mejorías. Tampoco es el momento de afrontar operaciones quirúrgicas o de iniciar terapias drásticas. Quizá sea preferible seguir métodos naturales que, a pesar de ser más lentos, no originan otros problemas.

Consejos generales
Seamos sinceros y tengamos siempre confianza. Contentémonos con pequeños éxitos o con un periodo improductivo. Mostremos siempre lo mejor de nuestro carácter y actuemos con rectitud. Seguramente esta será la carta ganadora ante fuerzas mayores que la nuestra. A veces, la cortesía es la mejor arma contra los prepotentes.

Significado de cada línea

Nueve al principio
Por el momento la situación actual no permite intervenciones forzadas. Por tanto, no hay que tener ningún tipo de pretensiones puesto que lo que se obtiene por la fuerza no tiene una larga vida. Estemos atentos, movámonos con circunspección y detengámonos cuando sea el momento.

Nueve en segundo lugar
No debemos exponernos inútilmente porque los tiempos aún no están suficientemente maduros. Sería mejor volver sobre nuestros pasos o, por lo menos, detenernos a la espera de momentos mejores, que con toda certeza acabarán por llegar. Comportémonos con paciencia y adaptabilidad.

Nueve en tercer lugar
Es inútil pretender tener la razón. El momento es difícil porque nosotros mismos somos conscientes de los errores cometidos. No obstante, continuamos realizando valoraciones equivocadas que nos alejarán de la verdad.

Seis en cuarto lugar
Aunque parece que cedamos fuerzas que nos amenazan, debemos esforzarnos en seguir un camino recto para no vernos perjudicados o, convertir en inútil todo lo que hemos hecho. En poco tiempo las cosas mejorarán.

Nueve en quinto lugar
Seamos solidarios con las personas que nos aman, y compartamos con ellas los momentos mejores de la vida. De esta manera las tendremos siempre al lado, incluso en momentos difíciles. Ante terceras personas mantengámonos siempre firmes en nuestras virtudes.

Nueve arriba
Ya hemos logrado algo con nuestra forma de hacer las cosas, pero todavía no es totalmente satisfactorio. Sin embargo, deberemos contentarnos con ello porque por el momento no podemos tener otra cosa. Insistir estaría fuera de lugar. Esperemos si no queremos tener disgustos.

10. LÜ
LA SENSATEZ

SENTENCIA
Si no quieres que el tigre te muerda
mantente a su espalda

IMAGEN
El cielo está arriba, el lago está abajo
cada uno en su lugar
La persona sensata respeta al superior
y el inferior obtiene la confianza de todos

Significado adivinatorio

En muchas ocasiones encontramos personas que, sin tener ningún mérito, creen ser superiores a los demás simplemente porque pertenecen a una clase social alta. Lógicamente, esto provoca reacciones negativas por parte de otras personas. El hexagrama n.º 10 incita a comportarse correctamente como único medio para superar situaciones delicadas. Cuando se es más débil, uno puede ponerse del lado de quien se considera más fuerte y más peligroso. Pero para ello hace falta tener un sentido innato del comportamiento social y actuar con mucha naturalidad y respeto hacia todos los demás. En especial hay que saber discernir dónde están el bien y el mal a la hora de decantarse personalmente por una opción u otra. De este modo se puede acompañar al mal pero sin formar parte de él, estando a su lado pero sin compartirlo. En otros casos, por el contrario, podrían aparecer dificultades en la relación, especialmente si entre las personas existe una diferencia de costumbres y de educación. En cualquier caso, cada cual tiene que poder estar en su círculo de relaciones sin que ello constituya una ofensa para el otro. Y cuando se presenta el caso en que se tiene que estar con personas descorteses, la mejor arma sigue siendo la cortesía.

Aplicación práctica

Amor
Seguramente la situación no es del todo tranquila. Es más, la persona a quien amamos tiene un carácter tan fuerte que hace difícil la relación. Sin embargo, nuestro buen hacer y nuestra dignidad podrían realizar el milagro. Nosotros somos quienes tenemos que decidir si merece la pena realmente, buscando cuáles son las raíces de estas alteraciones en el comportamiento.

Trabajo y finanzas
En este terreno el momento tampoco es de los mejores. Se necesita paciencia y prudencia, así como también la capacidad de moverse en medio del peligro

sin resultar molesto para las personas de nuestro alrededor. El respeto a las jerarquías, un comportamiento leal y sincero y el análisis de los datos a nuestra disposición pueden darnos la posibilidad de superar las dificultades.

Salud
Irregularidades de diversos órdenes, debidas tanto a nuestro comportamiento como a alteraciones de origen lejano en el tiempo, pueden crear inestabilidad. Tenemos tendencia a los excesos y todavía no hemos comprendido exactamente lo que nuestro cuerpo y nuestra psique quieren de nosotros. Debemos adquirir hábitos de vida más sanos, que impliquen también una cierta dosis de movimiento.

Consejos generales
Si queremos superar las dificultades entre las que nos debatimos debemos actuar con simplicidad y sin dobles ideas. Busquemos la forma de estar cerca de quien ha creado los problemas, de manera que podamos resolverlos tan pronto como se presente la ocasión favorable. Seamos amables y dignos; no actuemos con soberbia.

Significado de cada línea

Nueve al principio
Vayamos hacia delante por nuestro camino sin dar importancia a lo que ocurre al lado y sin pedir nada a nadie. Nuestra simplicidad desarmará a quien quiera ponernos bastones entre las ruedas.

Nueve en segundo lugar
Calmados y tranquilos, sin espectacularidad y sin actitudes de superioridad, prosigamos por el camino que hemos elegido y que es el que concuerda con la simplicidad de nuestra forma de ser. Somos más que autosuficientes y la fortuna nos sonreirá.

Seis en tercer lugar
No vayamos más allá de nuestras capacidades intrínsecas y no nos creamos más fuertes y más seguros de lo que realmente somos. Si nos dejamos llevar por la soberbia y no nos fijamos en lo que estamos haciendo cometeremos errores y ello nos hará pasar momentos duros.

Nueve en cuarto lugar
Tenemos que ser muy conscientes del momento difícil que estamos atravesando, hecho que, por otro lado, no siempre está claro. Pero si realizamos un esfuerzo de concentración y nos mantenemos firmes saldrá nuestra fuerza interior y lograremos superar todas las dificultades.

Nueve en quinto lugar
Atención a un exceso de obstinación sin la conciencia exacta del peligro. Sólo podemos actuar con determinación si vemos con claridad la situación y los movimientos a realizar. Controlemos nuestros pasos y evitemos correr cuando basta con caminar.

Nueve arriba
El camino que nos habíamos propuesto recorrer ya ha sido cubierto. Ahora deberemos sacar las conclusiones, valorando nuestra situación personal. Nosotros solos seremos capaces de dar la respuesta, según cómo nos hayamos comportado hasta ahora. En general, buena fortuna.

11. T'AI
LA PAZ

SENTENCIA
Se va lo pequeño, llega lo grande
Paz y fortuna

IMAGEN
El cielo y la tierra se unen
Así quien es grande y poderoso
sabe ser una ayuda para todos

Significado adivinatorio

Aunque la persona que realiza la consulta se ve afligida por muchos problemas, está llegando o ya ha llegado el momento de la paz. El hexagrama n.º 11 confirma que la seriedad, la honestidad y la corrección se imponen a la bajeza moral. Cuando alguien bueno, estricto y decidido asume un puesto de mando toda la sociedad se ve beneficiada. Las fuerzas negativas ya no le pueden perjudicar, porque el terreno no se presta a ello, y lo que nace en él es exclusivamente positivo. Las cosas están mejorando, las divergencias están desapareciendo y se está imponiendo la vía de la unidad y de la comprensión. La persona que está arriba consigue comunicar con la que está abajo y viceversa, de manera que en todos los ámbitos y situaciones reinará una paz total. Es muy importante rodearse siempre de las personas idóneas y decidir los actos valorando los momentos y eligiendo atentamente las prioridades. Así, la acción será fructífera, todo volverá a su lugar, los problemas se fundirán como la nieve al sol y la paz reinará soberana, incluso entre las personas de diferente condición o entre las que en el pasado no habían conseguido llegar a un acuerdo.

Aplicación práctica

Amor
Estamos seguros de que el sentimiento que alimenta nuestra vida es justo y está bien custodiado. Es un periodo de una gran serenidad interior y de comprensión entre la pareja. En este momento podemos programar todo lo que queramos con la certeza de pensar y de actuar al unísono con la persona amada. Si alguien ha intentado dividir la pareja, ahora ya no puede hacer nada. Probable matrimonio o unión.

Trabajo y finanzas
La prosperidad y la fortuna nos esperan por poco que nos reorganicemos. En el ambiente de trabajo tendremos la

comprensión de nuestros superiores a los cuales podemos pedir mejoras, con el convencimiento de que serán cumplidas. Si participamos en una sociedad es el momento de tomar las riendas con elegancia y respeto hacia los demás, pero también con decisión. Ideas fructíferas.

Salud
Mejoras incuestionables después de un periodo no del todo tranquilo. Es importante respetar nuestras intuiciones y, si es necesario, cambiar de terapia. También tenemos que recordar que cuerpo y espíritu no se curan por separado sino que, por el contrario, los métodos de curación han de ser lo más completos posible, es decir que deben tener en cuenta la situación física, psíquica y espiritual.

Consejos generales
El periodo es muy favorable, pero hay que recordar el viejo proverbio según el cual «quien duerme no pesca un solo pez». Resumiendo, los regalos del cielo no caen solos, sino que deben pedirse sin ningún temor. Nuestro comportamiento honesto prevalecerá por encima de todo.

Significado de cada línea

Nueve al principio
No actuemos sin criterio, sino programando atentamente cada movimiento. Nos hemos de rodear solamente de personas próximas a nuestra sensibilidad, y no tenemos que hablar de asuntos personales con alguien que no conozcamos profundamente. No nos dejemos confundir.

Nueve en segundo lugar
Actuemos porque el momento es favorable, pero no sigamos sólo un instinto egoísta. Paralelamente aprovechemos en sentido positivo la intervención de personas o las situaciones que no parecen tener demasiada importancia, ya que también podrán aportar algo positivo.

Nueve en tercer lugar
A pesar de que el periodo es bueno, no podemos dormirnos en los laureles. Tenemos que estar siempre atentos para que el peligro no surja de forma imprevista. La sensatez consiste en el método, y no en confiarse excesivamente de las situaciones o en sobrevalorarnos a nosotros mismos.

Seis en cuarto lugar
Estemos cerca de quien nos necesita o de quien tiene posiciones inferiores, no por oportunismo sino por solidaridad y convicción. Quizá vivimos demasiado alegremente y no hacemos ningún esfuerzo por comprender la realidad de los demás.

Seis en quinto lugar
Mostremos disponibilidad para quien sea, sin crear barreras inútiles, y sepamos elegir a las personas independientemente de su situación. Se prevén mejoras, pero debemos ser humildes y no creernos superiores a los demás.

Seis arriba
Desgraciadamente los consejos dados por el nueve en tercer lugar no han sido suficientes para evitar que cayéramos en el error. Ahora sólo nos queda una resistencia pasiva, aunque no faltarán sentimientos de culpabilidad o reacciones duras por parte de otras personas.

12. P'I
EL ESTANCAMIENTO

SENTENCIA
La gente malvada no es propicia
Se va lo grande
llega lo pequeño

IMAGEN
El cielo y la tierra están divididos
El noble se retira dentro de sí mismo
y no se deja seducir por nada

Significado adivinatorio

Al contrario que en el caso del hexagrama anterior, en donde se anunciaba un periodo de bienestar y fortuna, el n.º 12, P'i, describe un momento de grandes dificultades o, por lo menos, de imposibilidad de actuar según la conciencia y las necesidades de uno mismo. Parece que todo se conjure en contra nuestra y que sea imposible encontrar lealtad en ninguna parte. Cuando esto ocurre, el noble, o sea quien realiza la consulta, debe mantener íntegros su valor y su presencia de ánimo y, al mismo tiempo, tiene que renunciar a cualquier tipo de iniciativa y esperar a que el tiempo produzca sus efectos. Seguramente, las cosas cambiarán, pero mientras tanto hay que asumir el hecho de que en el horizonte de la situación actual sólo se perciben dificultades. Quizás alguien intentará debilitar nuestra solidez interior con propuestas tentadoras pero que no se corresponden a nuestras ideas y forma de ser. Estas propuestas pretenden apoyarse en nuestra debilidad momentánea respecto a los adversarios o a las situaciones objetivas. No nos dejemos llevar y mantengámonos firmes en nuestras convicciones. El tiempo nos dará la razón.

Aplicación práctica

Amor
Si se trata de una relación que todavía tiene que iniciarse es preferible retroceder y esperar otras oportunidades, que con toda seguridad se presentarán después de un periodo de soledad. Si la relación ya está iniciada, lo mejor será renunciar a ella, puesto que no se prevé nada bueno. Personas negativas con quienes tenemos que tratar o la propia persona a la que amamos nos están perjudicando.

Trabajo y finanzas
No tomemos iniciativas, no entablemos relaciones nuevas y desconfiemos de aquellos que nos proponen negocios poco claros. Las personas que están a nuestro alrededor no son sinceras y

tienden a despojarnos de nuestros bienes. Los negocios no prosperan y el porvenir nos parece oscuro. Sin embargo, lo único que hay que hacer es tener paciencia y activar toda nuestra fuerza interior.

Salud
Tenemos que resguardarnos ahora que todavía estamos a tiempo. Nuestras fuerzas están declinando porque no nos hemos cuidado cuando era necesario. Ahora lo único que podemos hacer es reposar todo lo posible y procurar distanciarnos de todo lo que pueda ocasionarnos tensión y ansiedad. Evitemos curaciones drásticas o intervenciones quirúrgicas antes de habernos recuperado psíquicamente.

Consejos generales
En todos los ámbitos, ante cualquier tipo de problema o dificultades de cualquier naturaleza, la consigna es: desconfianza. No nos dejemos engañar por charlatanes en lo referente al trabajo, a las finanzas o a los sentimientos. Las amistades también tienen que mantenerse a la distancia adecuada.

Significado de cada línea

Seis al principio
No sigamos adelante y retirémonos. También debemos convencer a otras personas para que aplacen sus iniciativas. Este periodo no es favorable para ninguna actividad; la única fuerza está en mantener la integridad moral.

Seis en segundo lugar
No pidamos consejo a nadie y no nos dejemos confundir por quien no tiene

nada que perder. La única forma de tener la certeza de que vendrán momentos mejores es manteniéndonos firmes en nuestras posiciones. Por ahora, ninguna iniciativa es propicia, por lo que tendremos que esperar un poco.

Seis en tercer lugar
Aunque no queremos admitir los errores, somos capaces de hacer un severo examen de conciencia para intentar comprender dónde y cómo nos hemos equivocado. De todos modos, si hemos actuado mal ahora lo único que podemos hacer es lamentarnos e intentar repararlo.

Nueve en cuarto lugar
Lo peor ya está pasando y empieza la recuperación. Estemos preparados para recibir un consejo que puede llegarnos de una persona de gran valor espiritual que quiere ayudarnos. No actuemos exclusivamente por nuestra cuenta.

Nueve en quinto lugar
Otro paso hacia la serenidad. Pero es necesario actuar con mucha cautela si queremos superar definitivamente el periodo negativo que hemos atravesado o que aún estamos pasando. Cortemos las ramas secas para que nazca una baya tierna. Análisis.

Nueve arriba
No regateemos esfuerzos, movamos las aguas, removamos la tierra, no esperemos más si queremos por fin salir a ver de nuevo las estrellas. El momento es propicio para las iniciativas y el movimiento, siempre que esto se lleve a cabo con plena conciencia de la situación actual.

13. T'UNG JÊN
LA ASOCIACIÓN ENTRE LOS HOMBRES

SENTENCIA
La asociación sincera con otros es propicia
La perseverancia ayuda
Atravesad el gran río

IMAGEN
El cielo se une al fuego,
imagen de la amistad
El hombre superior
distingue y se comporta en consecuencia

Significado adivinatorio

Si el n.º 12, el estancamiento, pide desconfianza e inactividad, este hexagrama, en cambio, habla de amistad, de profundidad de sentimientos y de unión de fuerzas. Esto no significa que todas las fuerzas sean iguales y que todas las personas vivan en simbiosis. Al contrario, la gran capacidad y sensatez reside precisamente en reunir personas que, con un mismo fondo de corrección y mentalidades parecidas, son totalmente diferentes. En todas las circunstancias hay que desterrar el egoísmo y llevar a cabo una intervención, con palabras o hechos, que resulte positiva para todos, incluso para las minorías. Así, en la vida cotidiana, antepondremos a nuestras necesidades personales, las necesidades colectivas. Y, si es necesario, nos apoyaremos en alguien que sepa reunir todas las fuerzas y las personas diferentes para el interés general. O bien podemos ser nosotros mismos nuestro propio guía y el de los demás. De esta manera se podrá «atravesar el gran río», expresión del taoísmo que significa la posibilidad de buenas y exitosas iniciativas.

Aplicación práctica

Amor
La relación es válida aunque en algún aspecto no es del todo satisfactoria. Pero, por otro lado, la persona que amamos se ha convertido en la dueña de nuestro corazón y, aunque no se parece totalmente a nosotros, ya no podemos prescindir de ella. Si la relación todavía tiene que iniciarse debemos actuar siempre a la luz del sol, porque en la sombra no funcionaría. Averigüemos primero si existe un fondo común entre ambos.

Trabajo y finanzas
Excelente periodo para dar vida a nuevas iniciativas o para ampliar nuestro radio de acción. Más que la actuación independiente, son preferibles las uniones y las sociedades de personas,

siempre y cuando el objetivo final sea común a todas ellas y reine la máxima sinceridad. Si se nos propone un viaje o si este fuera necesario, no lo pospongamos porque sólo puede beneficiarnos.

Salud
Si hemos padecido enfermedades de una cierta gravedad, lo peor ya ha pasado y nos estamos dirigiendo a una recuperación total. Si estamos atravesando un periodo de nerviosismo, tengamos el valor de hablarlo con otras personas, como el psicoanalista. Solos o sin la ayuda de alguien que sepa comprender la realidad de las cosas, el bienestar alcanzado no sería verdadero. Salgamos al aire libre.

Consejos generales
Sea cual sea la pregunta que hemos formulado al *I Ching*, y compatiblemente con lo que dicen las líneas móviles, el consejo es eliminar cualquier tipo de egoísmo y de desconexión respecto a los demás en favor de una actitud más dispuesta y generosa. Organicemos algo con alguien próximo a nosotros.

Significado de cada línea

Nueve al principio
Fuera de casa, en contacto con la naturaleza y con nuestros similares podemos encontrar personas que para nosotros representarán la verdadera amistad. Quien tiene problemas de relación no debe crearse tensiones inútiles, sino que debe mirar alrededor y, con toda seguridad, encontrará alguien que despertará su interés.

Seis en segundo lugar
No actuemos con subterfugios, ni en familia ni con las amistades. No creemos pequeños centros de poder en el interior de los grupos de personas que frecuentamos o en el trabajo. Al final saldríamos perjudicados.

Nueve en tercer lugar
Si el problema que tanto nos preocupa tiene que ver con una relación afectiva, no dejemos que asome la desconfianza, ya que minaría la base de nuestros sentimientos. En el trabajo tendremos que comportarnos igual, aunque siempre manteniendo la atención.

Nueve en cuarto lugar
Quedémonos en nuestra madriguera, convencidos de que el momento de la reconciliación está llegando. Ante cualquier tipo de problema evitemos hablar demasiado o actuar antes de tiempo. La serenidad está llegando y no debemos echarlo todo por tierra con iniciativas equivocadas.

Nueve en quinto lugar
Todas las cosas empiezan con un pequeño disgusto, pero pronto se resolverán las dificultades y volverá el optimismo. Serán de gran utilidad las intervenciones de personas que nos aprecian y la observación de las experiencias de los demás ante los mismos problemas.

Nueve arriba
Confiemos en el futuro, a pesar de que por el momento parece que la realización de lo que queremos esté muy lejos. Tanto si el futuro contempla una unión afectiva, como si se refiere a un nuevo puesto de trabajo o a un ascenso, las previsiones son buenas.

14. TA YU
LA GRAN POSESIÓN

SENTENCIA
Prosperidad, abundancia,
gran éxito

IMAGEN
Fuego en el cielo
imagen de la gran posesión
El Ser superior
aleja el mal y propugna el bien

Significado adivinatorio

El hexagrama n.º 14 también podría estar representado por las palabras bíblicas: «Benditas sean las personas de buena voluntad, porque ellas heredarán el reino de la tierra» (Mateo, 5, 5). Quien es poderoso pero se comporta con modestia tendrá éxito y riqueza, ya que los tiempos son propicios para que esto ocurra. El sol, desde lo alto del cielo, ilumina todas las cosas: las personas bondadosas y honestas serán iluminadas en todo su valor, mientras que las malas personas, una vez descubierta su maldad, serán alejadas. Así, aunque se sepa que se posee un gran valor espiritual, hace falta ser modesto puesto que con toda seguridad llegará el momento en que los verdaderos valores se pondrán de manifiesto. Por lo tanto se necesita una gran fuerza interior junto a una ausencia absoluta de egoísmo. Al mismo tiempo hay que combatir el mal con todas las fuerzas posibles. Y, cuando llega el éxito, todavía se hace más necesario actuar con modestia e in-teligencia. Quien recibe este hexagrama puede estar seguro de que alcanzará la meta deseada, aunque encuentre pequeños problemas o contratiempos, siempre y cuando su proceder sea correcto, modesto y virtuoso.

Aplicación práctica

Amor
Somos realmente afortunados porque el n.º 14 habla de un amor grande y desinteresado y, al mismo tiempo, lúcido y consciente. La persona amada es seria y honesta, aunque a veces algún aspecto de su carácter nos crea alguna pequeña dificultad. Seguramente nos espera un periodo de serenidad en el que seremos dos corazones unidos.

Trabajo y finanzas
Nuestra actuación nos está conduciendo hacia el éxito. Si estamos buscando un nuevo trabajo tendremos la posibilidad de encontrar algo conveniente. En el ambiente laboral nues-

tras capacidades serán plenamente reconocidas e incluso conseguiremos una mejora económica o de posición. Entradas de dinero debidas a nuestras capacidades.

Salud
Estamos atravesando un momento de gran forma física, a causa sobre todo de la manera de administrarnos. Los tratamientos que estamos siguiendo dan resultados excelentes y son los más adecuados a nuestras necesidades. Si nos es posible debemos pasar más horas al sol, que ahora especialmente es nuestro elemento natural. Las posibles alteraciones se olvidarán en poco tiempo y recuperaremos una forma deslumbrante.

Consejos generales
En cualquier situación hay que actuar con la máxima corrección, hecho que, dicho sea de paso, el *I Ching* aconseja siempre. Con el n.º 14 se aconseja también la modestia, por mucho poder que tengamos. Debemos respetar la intuición, mantener limpia el alma y ver con buenos ojos todo lo que está a nuestro alrededor.

Significado de cada línea

Nueve al principio
Aunque hayamos obtenido lo que deseamos, tenemos que saberlo usar con discreción y sin dejarnos tentar por conductas o acciones no indispensables. Sólo la consciencia de un posible peligro nos puede ayudar a superarlo.

Nueve en segundo lugar
Podemos confiar en lo que nos espera. Disponemos ya de todo lo que necesitamos. Sin embargo, es necesario compartir éxitos y responsabilidades para estar seguros de ir por el buen camino.

Nueve en tercer lugar
Si nuestro deseo es tener para nosotros solos todo lo que ambicionamos, podemos estar seguros de que estamos cometiendo un craso error. La falta de egoísmo es una prueba de inteligencia que a la larga dará sus frutos. Seamos imparciales en cualquier circunstancia.

Nueve en cuarto lugar
Tenemos que actuar sin falso orgullo ni falsa modestia. Intentemos vivir a la par con los demás, observando lo que ocurre a nuestro alrededor, a fin de distinguir lo que funciona y lo que no funciona. Evitemos el egoísmo y las envidias.

Seis en quinto lugar
Situación muy favorable en la cual el único inconveniente puede ser nuestra excesiva disponibilidad y camaradería. Seamos reservados y, frente a actitudes poco ortodoxas, comportémonos con mucha dignidad.

Nueve arriba
Seamos amables y generosos con todo el mundo. Nuestra apertura mental y nuestra cortesía sólo podrán ser motivo de satisfacción. El éxito o el logro de nuestros objetivos se deberá precisamente a la fuerza de estas virtudes administradas modestamente.

15. CH'IEN
LA HUMILDAD

SENTENCIA
La modestia conduce al éxito
El hombre superior sabe llevar a cabo
las cosas con éxito
IMAGEN
Una montaña dentro de la tierra
imagen de la modestia
El hombre superior reduce lo excesivo
aumenta lo que es poco
y así crea el equilibrio

Significado adivinatorio

La importancia de la modestia, que ya destacábamos en el n.º 14, en el n.º 15 se convierte en la base de la interpretación. Ch'ien representa la fuerza de la modestia, gracias a la cual los hombres simples pueden encontrar su puesto bajo el sol. La montaña dentro de la tierra significa precisamente el hombre superior que esconde sus cualidades y actúa con humildad ante los demás. No tiene grandes aspiraciones, se contenta con pequeñas cosas y no se arriesga con excesivas pretensiones. Si no adoptara esta actitud y tuviera grandes ambiciones, seguramente se vería humillado. En este hexagrama se detecta una referencia a la Biblia, allí donde dice: «Quien se eleve bajará, y quien baje se elevará». En la vida cotidiana, el hexagrama n.º 15 aconseja adoptar una actitud modesta en todas las situaciones y contentarse de las pequeñas cosas, así como no creerse nunca superior a los demás, sino optar por un comportamiento digno y humilde, sobre todo en

caso de una dificultad. Por otro lado, también hay que reducir las exigencias personales y saber prescindir de lo que no es estrictamente indispensable.

Aplicación práctica

Amor
Lo que nos une no es un sentimiento muy pasional, pero no por ello tiene menos valor. Es más, muchas veces los sentimientos moderados son más duraderos. En ningún caso debemos esperar grandes entusiasmos o conductas guiadas por la emotividad. Si nos contentamos de lo que tenemos y no tenemos más pretensiones todo funcionará. De lo contrario, es mejor renunciar.

Trabajo y finanzas
Paso a paso, sin pretender por momento grandes cosas, se puede alcanzar una meta determinada. Lo que no podemos esperar, al menos por el momento, es un éxito extraordinario. En el ambiente de trabajo procuremos no destacar, porque

cuanto menos nos hagamos ver más se notará nuestro trabajo. Quien esté buscando un trabajo deberá contentarse con ofertas que parecen estar por debajo de las capacidades personales.

Salud

Lo primero que debemos hacer es eliminar muchos de los hábitos que no son estrictamente necesarios. Cuanto más limitemos las exigencias, mejor nos encontraremos. No nos atiborremos de medicamentos por una pequeñez. Intentemos curarnos siguiendo dietas pobres en grasas y procuremos comer sólo cuando tengamos hambre. Evitemos comer golosinas entre horas.

Consejos generales

Tal como ya habremos comprendido, si queremos obtener algo o superar dificultades, lo mejor es no figurar. Esto no significa que no se alcance el éxito, sino que, por el contrario, nos valgamos de la autodisciplina. Quedémonos quietos en medio del bullicio.

Significado de cada línea

Seis al principio

No actuemos movidos por el orgullo si realmente queremos solucionar un problema. Igualmente no nos esforcemos en hacer valer nuestra personalidad y no nos hagamos ver demasiado.

Seis en segundo lugar

Nuestra modestia no debe ser un vestido que cubre ficticiamente otro modo

de ser. Actuemos tal como somos y con humildad, y seguramente saldremos ganando. El camino que deberemos recorrer no será demasiado difícil y nos llevará lejos.

Nueve en tercer lugar

Estamos entreviendo el éxito, pero esto no significa que ya debamos cantar victoria. Precisamente en este momento tenemos que actuar lo menos posible y dejar que la vida vaya adelante por sí sola. Seamos amables con quien todavía nos puede ayudar.

Seis en cuarto lugar

Ser modestos no significa rechazar las responsabilidades o no comprender lo que se debe hacer. Por lo tanto, tenemos que intervenir y esforzarnos sin ocultarnos detrás de presupuestos falsos. Interesémonos por las personas de nuestro alrededor.

Seis en quinto lugar

Seamos imparciales y evitemos herir la sensibilidad de otras personas con palabras poco apropiadas. Tampoco aceptemos todo lo que nos sea propuesto, ya que pecaríamos de ingenuidad. Seamos severos y justos.

Seis arriba

Es necesario que ordenemos nuestras propias ideas y las de las personas que están a nuestro alrededor. Incluso aunque nos cueste hacerlo. No busquemos la culpa en el comportamiento de los demás; hagamos un atento análisis de conciencia y obremos en consecuencia.

16. YÜ
EL ENTUSIASMO

SENTENCIA
Propicio es encontrar ayudantes
y hacer marchar ejércitos

IMAGEN
El trueno prorrumpe sonoro desde la tierra
Así los antiguos reyes
hacían música para honrar los méritos
recordando a los antepasados

Significado adivinatorio

El comportamiento que sugiere el n.º 16 está regido por el entusiasmo y la voluntad. Con el entusiasmo se puede estar rodeado de personas que pueden ayudar en momentos difíciles, no sólo con palabras, sino también con actos. No obstante, el entusiasmo debe ir acompañado de la armonía para que nada se salga de tono y se convierta en desagradable. Por tanto, no hay que caer en el exceso para que el fervor no pase a ser nerviosismo. Debe tratarse de un movimiento armonioso en perfecta concordancia con el momento, compartido por quienes nos rodean y que pueden aportar su contribución para solucionar los problemas. Si es genuino y está bajo control, el entusiasmo puede llevarnos muy lejos, pero también puede quemar en un momento todo el potencial del ánimo humano. Por esta razón, aquellos que encuentran la respuesta a sus preguntas en el hexagrama n.º 16 han de encontrar ayudantes fascinados por la pureza de su llama. Llama que debe dar calor, pero no quemar, ya que la dificultad en la aplicación del n.º 16 reside precisamente en el peligro de quemarse las alas.

Aplicación práctica

Amor
Sentimiento trastornador y envolvente, pero difícilmente de larga duración. La pasión será tan ardiente que corre el riesgo de reducir a cenizas cuerpo y espíritu en poco tiempo. Atención, y recordemos que «hombre prevenido vale por dos». Sin embargo, si logramos canalizar tanta fuerza y encontrar una comprensión profunda, superaremos los peligros.

Trabajo y finanzas
Un esfuerzo excesivo y la incapacidad de organizarse racionalmente pueden arruinar una situación que en otra circunstancia podría ser muy positiva. Volvamos a la realidad. Aunque tenga-

mos un gran carisma, no nos dejemos llevar por sueños de poder. Actuemos de forma coordinada con las otras personas que están a nuestro alrededor, con las cuales podremos llegar a acuerdos muy interesantes.

Salud
Necesitamos adoptar una norma de vida que, sin restar ardor en las cosas que hacemos, nos defienda del nerviosismo y de las tensiones que puedan ser excesivas. Controlemos especialmente la presión, y cuidémonos si los valores son altos. Si, por el contrario, tendemos a la pasividad, es el momento de seguir un tratamiento para recuperar el ánimo.

Consejos generales
En los momentos de tensión no hay nada más saludable que una música tranquilizante. Probemos con el concierto n.º 21 de Mozart o con cualquier tipo de música que nos guste. También servirá para afinar la intuición. Por otro lado, no olvidemos las raíces y la experiencia de los padres.

Significado de cada línea

Seis al principio
No seamos arrogantes con nadie. No nos vanagloriemos de nuestros propios méritos con fines puramente egoístas, y no demos por hecha una victoria que todavía no tenemos en el bolsillo. Lo único que haríamos sería agravar una situación y preparar el fracaso total.

Seis en segundo lugar
Sepamos esperar el momento oportuno antes de actuar, en cualquier ámbito.

No nos dejemos llevar por las ilusiones. Comportémonos con racionalidad y firmeza, procurando ser consciente de lo que nos espera.

Seis en tercer lugar
No nos durmamos en los laureles y no pidamos a otras personas que hagan algo que nosotros mismos somos capaces de hacer. De igual modo, sepamos encontrar el momento preciso para acercarnos a aquellas personas que nos pueden dar lo que nosotros queremos. No tergiversemos.

Nueve en cuarto lugar
Nuestro entusiasmo influenciará a las personas que nos rodean y nos aprecian. Comportémonos con determinación y tengamos confianza en los demás. De esta forma lograremos reunir a nuestro alrededor a todos aquellos que, de una manera u otra, nos pueden apoyar.

Seis en quinto lugar
Nos parece que en cada momento puede producirse el desenlace, la ruptura o el disgusto. Sin embargo, por encima de estas impresiones, la situación objetiva quiere que superemos todos los obstáculos. Por lo tanto, no nos deprimamos y limitémonos a seguir nuestro camino.

Seis arriba
A pesar de que nuestro entusiasmo ha sido excesivo y nada realista, todavía estamos en condiciones de recuperar las riendas de la situación procurando ver la realidad en toda su crudeza. De esta forma seremos capaces de remediar todos los errores que hayamos cometido.

17. SUI
LA CONTINUIDAD

SENTENCIA
Continuar y adaptarse conduce al éxito
Propicia es la perseverancia. Ningún error

IMAGEN
En medio del lago está el trueno
la imagen del continuar
según las leyes de la naturaleza
el hombre superior por la noche
vuelve a casa y descansa

Significado adivinatorio

Si es cierto que durante el día el hombre debe estar activo y despejado, cuando llega la noche, si quiere respetar las leyes de la naturaleza, tiene que volver a casa y prepararse para el merecido descanso. En la vida cotidiana el ser humano sabe cuándo es el momento de retirarse, de no actuar y de no tomar decisiones. Si no lo tiene en cuenta corre el riesgo de equivocarse y de originar algún daño, en tanto que si sigue las enseñanzas de la naturaleza no puede hacer más que el bien. El n.º 17 invita a no querer intervenir a toda costa o, peor aún, a querer dominar a los demás, porque, de hacerlo, se estaría alimentando la rebelión. Es preferible seguir a quien en un momento determinado puede parecer más fuerte o más interesante, manteniendo intacta la pureza de ánimo y la corrección natural propia. Además, no hay que olvidar proponer de vez en cuando sugerencias que, a la postre, cambiarán el panorama e incitarán a los demás a seguirnos. Aceptemos las situaciones sin desgastarnos en inoportunas tomas de posición o en tensiones fuera de lugar. Seamos dúctiles pero íntegros; así es como lograremos superar las dificultades y alcanzar el éxito.

Aplicación práctica

Amor
Podemos obtener el matrimonio si lo deseamos, especialmente si la persona que nos interesa tiene algunos años de diferencia respecto a nosotros. Evitemos en cualquier caso todo tipo de imposición. Dejemos que los ritmos de la vida fluyan naturalmente sin ser forzados, pero al mismo tiempo asegurémonos de que la sinceridad es absoluta por ambas partes. Es posible que sea necesario un cambio.

Trabajo y finanzas
La situación es más que favorable, tanto por las circunstancias como por nuestras actuaciones, impregnadas de

la máxima corrección y encaminadas hacia la utilidad común. Puede ocurrir que se nos proponga un cambio, que deberemos apoyar solamente después de haber valorado su conveniencia. De todos modos, es preferible seguir vías ya trazadas por otros. Buenas entradas de dinero.

Salud

A pesar de que no hay que señalar ninguna dificultad, muy probablemente el lugar en donde vivimos no nos satisface plenamente. Tenemos que examinar atentamente todo lo que se refiere a nuestro estilo de vida para ver dónde existen lagunas o dónde, quizá de forma involuntaria, pecamos de negligencia. Con pequeñas modificaciones seguramente estaremos mejor.

Consejos generales

La consigna del decimoséptimo hexagrama es «ser útil», manteniendo altos los objetivos que perseguimos. Sigamos a las personas optimistas por naturaleza, aunque sean jóvenes, pero infundamos en ellas el germen de la sensatez. Así nos convertiremos en sus maestros. Seamos elásticos, pero sin alterar nuestra pureza.

Significado de cada línea

Nueve al principio
No hemos de ser rígidos expresamente, sino al contrario, tenemos que abrirnos a las experiencias de los demás. Procuremos salir del ambiente cotidiano, frecuentar otras personas y escuchar sus opiniones con mucha atención. Pueden ser muy útiles para consolidar las nuestras.

Seis en segundo lugar
No sigamos permaneciendo anclados en ideas o pensamientos de épocas pasadas. Es el momento de madurar y de dar un salto cualitativo, adoptando un nuevo comportamiento y unos nuevos ideales. Pueden haber nuevos maestros que nos sirvan de referencia.

Seis en tercer lugar
Debemos saber que siempre resulta muy doloroso separarse de personas o de ideales que para nosotros han tenido una gran importancia. Sin embargo, el tiempo requiere cambios, gracias a los cuales nos será más fácil alcanzar lo que nos hemos propuesto.

Nueve en cuarto lugar
Sigamos el camino que hemos emprendido con sinceridad y con mucha convicción, y no hagamos caso de quienes nos adulan únicamente para obtener algún beneficio. Alejémonos de estas personas, que lo único que pueden hacer es perjudicarnos.

Nueve en quinto lugar
Miremos al cielo y sigamos nuestra estrella. Miremos en nuestro corazón y sigamos nuestras intuiciones. La persona justa y honesta tiene que alcanzar por fuerza metas felices. Seamos perseverantes y sólo intervengamos a fin de bien. Seremos recompensados.

Seis arriba
Aunque nuestro camino nos ha llevado muy lejos y hemos alcanzado un puesto de prestigio, no dejemos de lado a nuestros allegados y las responsabilidades que tenemos hacia ellos. Seamos sinceros, honestos, amables y misericordiosos, y se nos reconocerá el mérito.

18. KU
ENMENDAR LAS COSAS DETERIORADAS

SENTENCIA
Lo que ha sido deteriorado por los hombres
puede ser arreglado por los hombres
Hace falta atravesar el gran río

IMAGEN
El viento sopla al pie de la montaña
El noble mueve a la gente y la refuerza

Significado adivinatorio

El hexagrama n.º 18 representa una taza en la cual los restos de comida se han convertido en gusanos. Esto significa que errores de orígenes muy lejanos no han sido remediados. Tales equivocaciones son debidas al carácter natural y a todas las malas costumbres que se han convertido en parte integrante de la personalidad. Si se continúa viviendo del mismo modo, sin darse cuenta del daño que nos hacemos y que hacemos a los demás, dejando que la parte mejor del ser quede sumergida en la podredumbre, se está cometiendo un gran error. El consejo de Ku es enmendar los errores puesto que «lo que el hombre deteriora puede ser arreglado por el hombre». Por lo tanto, se tiene que trabajar en esta dirección, ver dónde nace el error y aplicar las modificaciones oportunas. Pueden ser problemas motivados por herencias familiares, planteamientos erróneos desde el comienzo, conductas debidas a complejos de culpabilidad, etcétera; inde-pendientemente del motivo, se debe cambiar radicalmente. Quien recibe este hexagrama tiene que realizar una toma de conciencia y empezar a trabajar, dentro o fuera de su persona según el problema, con el convencimiento de que si interviene en la raíz del problema podrá solucionarlo.

Aplicación práctica

Amor
La historia que estamos viviendo necesita urgentemente un cambio. Es muy probable que por ambas partes no exista un amor verdadero, y por esta razón hay que remediar la situación o bien truncarla. Será muy difícil que la relación dure, ya que hay un error de base. Para nuestro bien es necesario analizar la situación con objetividad.

Trabajo y finanzas
Debemos tener la valentía de dar un giro de ciento ochenta grados a nuestra situación profesional y financiera. Nin-

guna de las dos funciona porque, con toda probabilidad, nos habremos movido inadecuadamente. Examinemos la situación profundamente y no tardemos en renovarnos. Si nos movemos rápidamente en este sentido podremos remediar problemas que, en caso contrario, se convertirían en irresolubles.

Salud

Hemos tratado nuestro cuerpo de la peor manera posible y ahora tenemos que afrontar algunos problemas de salud. Riesgo de infección debido a gérmenes que hubiéramos podido erradicar de buen comienzo pero a los cuales no hemos dedicado la atención necesaria. Hagamos una serie completa de análisis de sangre y de orina, y no tardemos en cambiar de tratamiento si eventualmente ya lo hemos iniciado.

Consejos generales

El *I Ching* es muy drástico: si no queremos ahogarnos en nuestros errores, que ahora ya están alcanzando la magnitud de un océano, examinemos con calma nuestra situación actual y busquemos el remedio. Todavía estamos a tiempo de corregir errores cometidos no sólo por nosotros sino también por nuestra familia.

Significado de cada línea

Seis al principio
Atención a las malas costumbres que hemos adquirido, aunque por el momento no parezcan totalmente negativas. No tardaremos mucho tiempo en encontrarnos frente a errores irremediables. Por tanto, no seamos obstinados y cambiemos todo lo que se pueda.

Nueve en segundo lugar
Tanto si el error ha sido cometido por nosotros como si es imputable a los demás, hay que buscar un remedio sin forzar la situación. En realidad, son errores que se deben más a la debilidad que a la maldad. Por esta razón, si actuáramos con rudeza ocasionaríamos otros daños y otras ofensas.

Nueve en tercer lugar
De vez en cuando deberíamos sacar las cuentas de nuestra actuación, que seguramente no es de las mejores, o de las de otras personas. Nacerán incomprensiones y malhumores, pero nada grave. Sin embargo, es mejor actuar que tergiversar.

Seis en cuarto lugar
La tendencia a dejar pasar las cosas está creando grandes problemas y un agravamiento de la situación general. Si no nos decidimos a remediar lo que no funciona, en poco tiempo ya no será posible intervenir en este sentido. La negatividad se está manifestando plenamente.

Seis en quinto lugar
Los errores se remontan a tiempos pasados, pero no por esto resultan menos graves. Apelemos a nuestra responsabilidad para resolver lo que no funciona o, por lo menos, para realizar algunos cambios.

Nueve arriba
Somos suficientemente inteligentes como para ver desde arriba la realidad de las cosas con una visión de conjunto, lo más objetiva posible pero con tendencia a un positivismo general. Si el presente no da buenos frutos, nuestro comportamiento incita al bien en el futuro.

19. LIN
APROXIMACIÓN A LA GRANDEZA

SENTENCIA
Sublime triunfo. Propicia perseverancia
Pero el peligro se aproxima

IMAGEN
Tierra y lago son colindantes
imagen de la aproximación
el noble es inagotable y sin límites
al enseñar, sostener y proteger

Significado adivinatorio

El hexagrama n.º 19 es la representación de una aproximación entre quien está arriba y quien está abajo, pero también da la idea de un hombre que se está haciendo «grande» o, por lo menos, esto desea. Es el momento de una gran ebullición interior, así como también de situaciones externas que se presagian positivas. Todo hace esperar una mejora total del estado actual. Precisamente, por esta razón hay que aprovechar sin perder tiempo la ocasión de trabajar para alcanzar los objetivos prefijados, procurando ponerse en contacto con cuantas más personas mejor, a fin de examinar desde todos los puntos de vista aquello que interesa y el camino que se debe recorrer para alcanzarlo. El riesgo es que, muy a menudo, el hombre cuando vive una situación positiva se adapta a ella y espera que las cosas sigan yendo hacia delante por ellas mismas. De esta manera no se da cuenta de las dificultades imprevistas que pueden aparecer e inutilizar todo un periodo favorable. La persona que recibe este hexagrama tiene el tiempo a su favor, pero debe intervenir para no encontrar el fracaso.

Aplicación práctica

Amor
Es un sentimiento en principio muy bello y muy vital que colma la vida y hace presagiar un futuro de color de rosa. Efectivamente, nada hace presagiar un cambio. Pero, por desgracia, existe el peligro de que, después del periodo inicial, surja algo que haga cambiar la situación. Puede tratarse de una merma de intensidad amorosa o de algo que desde el exterior incida negativamente en la relación.

Trabajo y finanzas
Es necesario establecer las bases para una mejora que a buen seguro tendrá lugar. No hay que limitarse a confiar en la suerte, puesto que esta puede cambiar. Pasaremos un periodo de fuerte recuperación, en el cual tendremos la impresión de que todo funciona de la mejor

manera. Pero no por ello dejaremos de tomar en consideración posibles peligros que pueden presentarse.

Salud
Mejorías en todos los aspectos, tanto físicas como espirituales. Nos parecerá que recuperamos toda la energía de la primera juventud y pretenderemos aprovecharla más de lo debido. Por este motivo, transcurrido un periodo de exultante bienestar, pueden producirse recaídas de enfermedades crónicas o nuevas alteraciones. Hay que comportarse con moderación, aunque bien podemos aprovechar el periodo positivo.

Consejos generales
Cuando las cosas van bien, en la faceta sentimental, en los negocios, las finanzas u otras cosas, existe la tendencia de vivir como si el futuro sólo tuviera que reservarnos bienestar. No obstante, es el momento en que deben activarse todas las defensas y no dejar nada de lado, si no queremos que se produzca un cambio a peor.

Significado de cada línea

Nueve al principio
La tendencia general, ante cualquier problema, es de mejora. Nosotros mismos nos dejamos llevar por esta onda positiva sin reflexionar demasiado. Sin embargo, sólo hay que actuar en el momento oportuno y de manera correcta.

Nueve en segundo lugar
Prosigamos por nuestro camino, aunque a veces nos asalten las dudas. Por

ahora debemos continuar sin detenernos, y hacer lo que exigen las situaciones objetivas. Después ya veremos. Mientras tanto, seamos valientes, honestos y perseverantes.

Seis en tercer lugar
Muchas veces el éxito, en cualquier ámbito, puede originar una cierta soberbia. Esto es lo que nos está ocurriendo a nosotros casi sin que nos demos cuenta. Tenemos que reflexionar sobre nuestra conducta y remediarla con un comportamiento discreto.

Seis en cuarto lugar
Ha llegado el momento de acercarse a alguien con experiencia sobre lo que a nosotros nos interesa. Si encontramos a la persona idónea podemos estar seguros de que nos será de un gran provecho. También puede ser alguien que vuelva superando todo tipo de obstáculos.

Seis en quinto lugar
Hay que ser paciente y aproximarse a personas que pueden ser una ayuda, dejando que sean ellas las que tomen las decisiones. Todo hace presagiar que las elecciones serán siempre las más convenientes y que tendrán en cuenta nuestra persona, si no intervenimos con consejos inútiles.

Seis arriba
Tengamos en cuenta los intereses de los demás, y no pensemos exclusivamente en nosotros mismos y en nuestros objetivos. Ya es hora de que quede la marca de nuestra obra, independientemente de lo que ocurra el día de mañana. Demos a los demás lo que nosotros sabemos y nos lo agradecerán.

20. KUAN
LA CONTEMPLACIÓN Y LA VISIÓN

SENTENCIA
El rito está iniciado
pero la ofrenda todavía no ha tenido lugar
alcemos confiados la mirada

IMAGEN
El viento sopla en la tierra
los antiguos reyes viajaban
e impartían sus enseñanzas

Significado adivinatorio

El hexagrama n.º 20 tiene dos significados, el contemplar y el ser contemplado. Quien sube por la escalera del éxito tiene la posibilidad de contemplar el mundo en su totalidad, globalmente. Al mismo tiempo, al encontrarse arriba resulta visible para todos. Es evidente que no se puede limitar a predicar el comportamiento justo sin aplicarlo en primera persona, ni tampoco dar consejos sobre la forma de vivir u otro tipo de enseñanzas, sin antes haber profundizado en el tema del que habla. Es muy grande la responsabilidad de ser tomado como modelo y, por lo tanto, es absolutamente necesario actuar con sensatez, puesto que el carisma sin cordura puede ser muy peligroso. El camino para alcanzar la coherencia no es nada fácil y exige una gran fuerza interior. Sólo se puede llegar a ser una gran persona conectando con la profundidad de uno mismo para lograr la armonía con las leyes fundamentales de la vida. Esta es la única forma de dar a los de-

más el pan espiritual que necesitan. La persona que recibe este hexagrama tiene que poner de manifiesto sus valores espirituales y actuar con ponderación, siguiendo el ritmo natural de las cosas.

Aplicación práctica

Amor
Es un sentimiento originado por un gran entendimiento intelectual nacido en un centro cultural o en un ambiente laboral. A partir de un sentimiento de tales características, poco a poco se llega a un amor verdadero, unido siempre a una gran estima recíproca. La relación funcionará perfectamente precisamente porque cada uno conoce profundamente al otro, y ello impide la posibilidad de una sorpresa negativa.

Trabajo y finanzas
Se establecerán relaciones con personas muy competentes que aportarán un notable beneficio a nuestras activida-

des. Puede tratarse de recompensas en el puesto de trabajo habitual o de nuevas propuestas, que muy probablemente irán ligadas a desplazamientos o viajes al extranjero. Hay que aceptar tanto los unos como los otros, ya que cualquier cambio será bastante provechoso.

Salud

Ha llegado el momento de tomarse un periodo de reposo para acabar de solucionar algunos problemas que nos afectan internamente. Debemos hacer algo por nuestro espíritu y no dedicarnos exclusivamente a la salud que, por su parte, también necesita algún tipo de cuidado. Todos los viajes son muy provechosos, tanto si se trata de ir a una estación termal como a una localidad espiritual.

Consejos generales

Hay que actuar con calma y ponderación en cualquier circunstancia, y aceptar los consejos de personas competentes. De la misma manera, tenemos que ser suficientemente inteligentes para impartir consejos sólo con conocimiento del tema. Gracias a ello mantendremos intacta nuestra personalidad.

Significado de cada línea

Seis al principio
Somos suficientemente adultos como para ver las cosas tal como son en realidad y sin dejarnos obnubilar por prejuicios o cerrazones mentales. Aunque nos sentimos incomprendidos, nuestra conducta desconsiderada conduce por fuerza al bloqueo de la situación.

Seis en segundo lugar
Procuremos tener una visión más amplia de los problemas si no queremos cometer errores. Si miramos una habitación a través de la puerta entreabierta, no podemos saber todo lo que contiene; lo mismo ocurre si miramos una fisura desde el exterior. Alarguemos nuestras miras.

Seis en tercer lugar
Si no queremos mantener posiciones equivocadas, tenemos que esforzarnos en comprender nuestros sentimientos profundos y los tormentos de nuestra alma. Esta es la única forma de saber realmente lo que debemos hacer.

Seis en cuarto lugar
Todo lo que se ha llevado a cabo hasta ahora está bien hecho, pero todavía no da los resultados esperados. Sin embargo, esto no debe hacernos perder la fe en nosotros mismos porque el futuro se presenta con optimismo. Tenemos que asumir las responsabilidades, sin oprimir a las personas que nos rodean.

Nueve en quinto lugar
La meditación es muy útil para entrar en contacto con uno mismo. Pero también es útil la contemplación, o sea, la capacidad objetiva de ver la realidad y de vernos a nosotros mismos en contacto con ella, ya que es necesario entender lo que representamos para los demás.

Nueve arriba
Hay que librarse del instinto egoísta, de todas las reflexiones sobre lo que nos sirve o sobre lo que queremos. Ahora ya es hora de ver las cosas desde fuera, sin la subjetividad que conlleva el ser partícipes de ellas.

21. SHIH HO
MORDER Y DESGARRAR

SENTENCIA
Un enérgico mordisco que desgarra
conduce al éxito
Ir hacia delante

IMAGEN
Truenos y rayos
así los antiguos reyes
aplicaban leyes y castigos justos

Significado adivinatorio

Muy a menudo, en la vida nos encontramos en situaciones tan difíciles que sólo pueden ser solucionadas con una toma de posición decidida o incluso violenta. Puede tratarse de un corte limpio, doloroso pero necesario. El hexagrama n.º 21 recuerda una boca abierta que no consigue cerrarse porque un obstáculo la obstruye. Las causas de este obstáculo son externas (hechos o personas), y sólo pueden ser resueltas mediante una acción decidida y precisa. Lo que resta por hacer es morder enérgicamente para hacer añicos el obstáculo y así deje de constituir un impedimento nocivo. Pero para que esto salga bien es importante contar con el respeto de la gente, una gran capacidad de decisión y un ánimo apacible; dicho en otras palabras, se requiere un gran equilibrio. Desde fuera tiene que interpretarse que la decisión de morder el obstáculo se debe únicamente a las circunstancias del momento y no a la dureza de corazón. Es importante, además, que para eliminar el obstáculo se utilice, junto a la determinación, la cortesía y el civismo, para que nadie pueda poner objeciones acerca del método usado. Actuando así, barreremos todos los obstáculos que se presenten en nuestro camino.

Aplicación práctica

Amor
Las perspectivas no son nada buenas ya que la relación que hemos instaurado o deseamos instaurar es víctima de incomprensiones y habladurías. Si no realizamos un intenso esfuerzo para hallar un remedio difícilmente podrá proseguir. También existe el riesgo, en caso de matrimonio, de rupturas llevadas por vía legal que resultarán muy dolorosas. Hay que reflexionar seriamente sobre lo que debe hacerse.

Trabajo y finanzas
Las dificultades son muchas y requieren un examen detallado de la situa-

ción. Tanto si dependen de nuestra manera de afrontar los problemas, como si son fruto de unas circunstancias generales difíciles, si no conseguimos realizar una ruptura total para recomenzar de otra manera, difícilmente lograremos mejorar la situación. Tengamos mucho cuidado con los posibles socios.

Salud
Se anuncian situaciones febriles, inflamaciones o problemas que deben ser afrontados radicalmente, aunque nos cueste enormemente. La persona que quiere resolver una antigua alteración hoy en día convertida en crónica ha de tener la valentía de afrontar una intervención quirúrgica o, en cualquier caso, algo decisivo. ¿Por qué no probar con la acupuntura?

Consejos generales
Sea cual sea el problema que nos aflige, hemos de saber que nada puede ser solucionado si no se afronta con decisión y descubriendo la raíz del mal. Es inútil tergiversar o recurrir a paliativos puesto que lo único que haría sería aplazar la solución definitiva. Hay que tener la valentía de efectuar cortes limpios y bien asestados.

Significado de cada línea

Nueve al principio
Hemos cometido un pequeño error por el cual ya estamos pagando. Por el momento no es nada grave, pero no tenemos que continuar por el camino equivocado si no queremos que los problemas aumenten hasta el punto de no poderlos resolver.

Seis en segundo lugar
Con tal de hacer pagar a los demás el mal que nos han causado, no tenemos en cuenta que nos podemos perjudicar mucho a nosotros mismos. De momento todavía no existe el peligro, pero no hay que dejarlo de lado de cara al futuro.

Seis en tercer lugar
Independientemente de cuál sea nuestra reacción frente a la maldad de terceras personas, en el fondo está justificada y teníamos que expresarlo. No obstante, esto nos ha perjudicado ligeramente a nosotros mismos. El problema que nos oprime tiene raíces antiguas y tiene una solución difícil.

Nueve en cuarto lugar
Las dificultades y los problemas son muy importantes y requieren mucha fuerza y perseverancia. Si conseguimos mantenernos firmes y decididos en nuestros propósitos lograremos superarlos.

Seis en quinto lugar
El consejo ante cualquier circunstancia es actuar con moderación y cordura. El momento es difícil y requiere la máxima objetividad e imparcialidad. Hay que saber valorar las responsabilidades que se están asumiendo.

Nueve arriba
Al no querer oír la voz del sentido común se continúa cometiendo errores, y esto conlleva únicamente grandes dificultades y la imposibilidad de solucionar los problemas. El peligro es evidente y la humillación segura, por lo que sólo nos queda esperar a que se produzca.

22. PPI
LA BELLA FORMA

SENTENCIA
Elegancia e inteligencia
Proseguir aunque los problemas son
pequeños

IMAGEN
El fuego está al pie de la montaña
El noble aclara asuntos poco importantes
pero no osa resolver grandes problemas

Significado adivinatorio

El hexagrama n.º 22 ensalza la elegancia y la belleza de la forma, e invita a dar importancia a la corrección y a la cortesía en el trato con las otras personas o al intentar resolver los problemas personales.

La educación, la amabilidad, la forma agradable de ser o de presentarse pueden ayudar a vivir y a superar las dificultades, aunque naturalmente no pueden solucionar todos los problemas. Así como cielo y tierra se embellecen recíprocamente, del mismo modo la sociedad civil tiene que dar la importancia que se merecen a las buenas maneras y al comportamiento elegante, sin los cuales cualquier tipo de relación no acaba de ser totalmente fructífera, o incluso puede ser nula. El n.º 22 también se refiere al comportamiento que se debe adoptar ante los grandes problemas. En efecto, es preferible no intentar solucionarlos, sino simplemente buscar la forma de afrontarlos superficialmente, ya que una solución total requeriría otros métodos mucho más expeditivos. Ante situaciones intrincadas hay que mantener la tranquilidad interior, ya que siendo presa del ansia no se obtiene más. El signo destaca también el valor terapéutico del arte.

Aplicación práctica

Amor
Aunque por el momento este sentimiento nos llena el corazón, tenemos que reconocer que no es demasiado profundo. Se trata más que nada de una atracción sexual, o bien estamos fascinados por el estilo elegante de la persona o por el mundo al que pertenece. Con estas bases es mejor no pensar en una relación seria ni en el matrimonio.

Trabajo y finanzas
Por el momento no son posibles los cambios definitivos o radicales. Quien está buscando trabajo tampoco puede esperar propuestas muy rentables. Por lo tanto, lo mejor es resignarse. Como

mucho se puede aprender a mejorar nuestro aspecto personal y nuestras actividades, con vistas a resultar más agradable. Las profesiones más beneficiadas son las que están relacionadas con el arte.

Salud
Tenemos pequeñas alteraciones que minan nuestra seguridad. Sería mejor hacerse un chequeo completo de nuestro estado de salud. Pero lo más probable es que solamente necesitemos un periodo de descanso, quizás en alguna de aquellas clínicas que cuidan también el aspecto estético. ¿Por qué no probarlo? Seguro que sería de gran ayuda.

Consejos generales
Tenemos que apreciar las pequeñas alegrías de cada día sin pretender, por el momento, ningún cambio en nuestra vida. No perdamos las maneras amables y cuidemos nuestro aspecto, de manera que siempre produzcamos buena impresión. Esto servirá para sentar las bases para un futuro mejor.

Significado de cada línea

Nueve al principio
Estamos convencidos de lo que hacemos y seguimos nuestro camino sin pedir ayuda a nadie. De esta manera tendremos una mayor seguridad y podremos afrontar tranquilamente los problemas que encontremos.

Seis en segundo lugar
Si es verdad que el aspecto exterior ejerce una gran fascinación en los de-

más, también es cierto que si el alma no es limpia, tarde o temprano se producirá el fracaso. Por lo tanto, es muy importante cultivar el espíritu y no descuidar nunca la propia integridad moral.

Nueve en tercer lugar
Aunque el periodo que estamos atravesando es tranquilo y nuestras relaciones sociales son agradables, no nos dejemos vencer por la pereza. Para mantener lo que hemos obtenido hay que ser perseverante y comportarse con corrección.

Seis en cuarto lugar
Si nos estamos debatiendo entre dos formas posibles de comportarnos, una más simple y otra más compleja, deberemos decantarnos por la primera, aunque nos parezca que puede causarnos alguna desilusión. Acontecimientos inesperados y positivos nos ayudarán a reencontrar lo que deseamos.

Seis en quinto lugar
No tengamos miedo de no ser comprendidos sólo porque no creemos estar a la altura de las circunstancias. Las cosas no son así, y seremos bien acogidos en todas partes y por todo el mundo. Lo importante es nuestra sinceridad y la simplicidad al entablar la relación.

Nueve arriba
Se insiste en el consejo de actuar con la máxima simplicidad. Los disfraces no sirven, lo único válido es la simplicidad y la corrección. En las relaciones con otras personas hay que dejar traslucir con mucha simplicidad la pureza del alma.

23. PO
LA DISGREGACIÓN

SENTENCIA
No es saludable ir a ninguna parte
No actuar

IMAGEN
La montaña está sobre la tierra
Quien está arriba mantiene la posición
sólo con el trato generoso hacia los que
están debajo

Significado adivinatorio

La imagen de la montaña sobre la tierra quiere indicar una situación de inmovilidad y que debe ser aceptada con el ánimo tranquilo y dispuesto a la espera. Cualquier iniciativa resultaría demasiado costosa de poner en práctica y, aunque se lograra, difícilmente se podría cambiar el curso natural del tiempo. En realidad, se trata de una de aquellas épocas de la vida, por la que todo ser humano pasa alguna vez, en la que todo lo que se intenta hacer resulta imposible o sale mal. Por consiguiente, lo único que se puede hacer es esperar tiempos mejores. El hexagrama n.º 23 también indica la disgregación de situaciones difíciles, cuyo resultado será diferente según la actitud que se tome. Si se tiene la suficiente firmeza y coherencia como para mantener las convicciones en momentos de grandes dificultades, las circunstancias poco a poco mejorarán, pero si, por el contrario, se quiere intervenir a cualquier precio, no se hará otra cosa que acelerar el fracaso total.

Aplicación práctica

Amor
Hay que pacificar el alma porque el hexagrama n.º 23 no es propicio en absoluto. Si no está ya acabada, la relación (y en este caso es imposible que se reactive) terminará rápidamente. Pero, sin lugar a dudas, es lo mejor que puede ocurrir, puesto que un sentimiento de estas características resultaría totalmente autodestructivo, si es que ya no lo era.

Trabajo y finanzas
Es necesario examinar atentamente la situación personal, antes de que sea demasiado tarde. El momento es verdaderamente difícil y se corre el peligro de arruinarse, de perder el trabajo o de sufrir otros problemas por el estilo, ya que probablemente se había confiado excesivamente en alguien que no merecía nuestra confianza. Se debe reaccionar interiormente y, por el momento, no hay que tomar ningún tipo de iniciativas.

Salud
Estamos corriendo riesgos relacionados sobre todo con la circulación arterial. Es necesario pasar por la consulta del médico y seguir una línea terapéutica muy bien elaborada, especialmente si los dolores están localizados en la cabeza. De todos modos, hay que mantener el optimismo porque, incluso en caso de enfermedad grave, la recuperación es bastante rápida. Pero no nos abandonemos.

Consejos generales
En cualquier situación que nos encontremos se debe mantener la firmeza y esperar a que pasen las dificultades. Ahora no se puede intervenir porque no serviría para nada. Todo lo que se puede hacer es ser más generosos o realizar algún sacrificio en favor de alguien que nos podría ayudar o reconfortar.

Significado de cada línea

Seis al principio
La situación (referente a lo que sea) es muy negativa. A nuestro alrededor sólo hay personas que mienten y están dispuestas a perjudicarnos. Hay que desconfiar de todas ellas, pero manteniendo firmes nuestras intenciones y esperando a que haya pasado lo peor.

Seis en segundo lugar
Hay que estar preparado para dar marcha atrás en cualquier circunstancia, ya que la situación es claramente negativa. No hay que fiarse ni de las personas que

parecen amigas. Es el momento de mostrarse todo lo dúctil posible, sin empeñarse en mantener posturas obstinadas.

Seis en tercer lugar
Aunque estamos protegidos por alguien o por algo, es mejor romper las relaciones con todos y confiar solamente en una intachable escala de valores y en la propia integridad moral. Mejor solo que mal acompañado.

Seis en cuarto lugar
Por desgracia no hay nada que hacer, tan sólo aceptar lo que nos depara el destino, por muy doloroso y difícil que sea. El momento sólo prevé desilusiones. Es conveniente mostrar un carácter firme y esperar a que la tormenta haya pasado.

Seis en quinto lugar
Una vez pasado lo peor, es conveniente aceptar que alguien nos eche una mano para solventar los problemas que todavía persisten. Es importante no tomar decisiones en primera persona y seguir con humildad el camino iniciado por otros. El resultado sólo podrá ser positivo.

Nueve arriba
Los problemas se están resolviendo y la situación general mejora. Las dificultades superadas dejarán la semilla de la experiencia que nos proporcionará una nueva visión de las cosas. El mal desaparecerá y todas las personas que nos rodean se sentirán mejor.

24. FU
EL RETORNO

SENTENCIA
Éxito
Actividad sin error
En todas las direcciones hay fortuna
Al séptimo día hay retorno

IMAGEN
El trueno dentro de la tierra es el símbolo
del giro
Así en el solsticio de invierno
se cerraban los caminos y no se viajaba

Significado adivinatorio

Las cosas están cambiando. Finalmente se produce lo que estábamos esperando. Es un periodo nuevo que llega después de que hayamos pasado todo lo que teníamos que haber pasado. Es importante en tiempos como los actuales no tener la voluntad de preceder al destino. Todo se cumple siguiendo una ley inapelable. Entonces, transformar las cosas pasadas en cosas nuevas será facilísimo. Encontremos personas que se parezcan a nosotros y podremos expresar públicamente nuestro pensamiento sin temor a que se produzcan malentendidos. No hay que actuar con precipitación. Si estamos tranquilos todo ocurrirá en el momento preciso. Las fuerzas que creíamos haber perdido volverán de nuevo, igual que la primavera sigue al invierno. Dejemos que estas fuerzas vuelvan sin que ello nos preocupe; es más, mantengamos la calma y observemos tranquilamente cómo las cosas cambian una tras otra bajo nuestra mirada siguiendo nuestros más íntimos deseos. No nos dejemos llevar por el afán. Este es un periodo en que cada cosa viene por sí sola, con la única condición de que se la deje venir sin oponer resistencia. Incluso lo que nos parecía imposible puede realizarse. Por lo tanto, que este pensamiento nos sirva para encaminarnos confiados hacia nuestro futuro.

Aplicación práctica

Amor
Antes de iniciar cualquier relación se debe reflexionar sobre las necesidades sentimentales propias y actuar en consecuencia. En una relación con momentos negativos o una ruptura, el futuro se presenta optimista con la reanudación en las mejores condiciones de la relación. No se debe tener prisa.

Trabajo y finanzas
Después de un periodo negativo y dificultades de todo tipo, de nuevo se presentan ocasiones nuevas y positivas. Cualquier tipo de cambio debe ser

aceptado, incluso si hay que viajar o mudarse. Esperemos pacientemente el momento oportuno y, entretanto, reflexionemos con calma sobre las circunstancias actuales. Se debe actuar con cautela.

Salud

Si hemos sufrido problemas o enfermedades de una cierta gravedad, está llegando el momento de la plena recuperación. Por otro lado, es necesario ayudarse con métodos naturales para recuperar la buena forma física que tanto valoramos. Si sabemos aprovechar los días de convalecencia, volveremos frescos como una flor.

Consejos generales

Sea cual sea el tema y ante dificultades de distinta naturaleza que quizá nos han impedido intervenir durante un cierto tiempo, el hexagrama n.º 24 indica un giro decisivo y afortunado. No hay que desanimarse. Debemos tener confianza, pero manteniendo una actitud cauta e inteligente en cualquier circunstancia.

Significado de cada línea

Nueve al principio
A veces se presenta la necesidad de actuar de manera no totalmente acorde con la rectitud que debería inspirar cada movimiento. Pero tan pronto como se detecte el error se debe remediar.

Seis en segundo lugar
Para efectuar cualquier tipo de cambio hace falta actuar con responsabilidad.

Dejemos de lado todas las formas de orgullo y comportémonos como las personas a quienes tenemos en gran estima o como las que, de alguna manera, nos pueden servir de ejemplo.

Seis en tercer lugar
No somos demasiado perseverantes en nuestras decisiones, por lo cual corremos el riesgo de perjudicarnos a nosotros mismos y a los demás. Pero si nos damos cuenta de ello a tiempo, podemos volver rápidamente al camino recto del que momentáneamente nos habíamos desviado.

Seis en cuarto lugar
Si nos damos cuenta de que estamos en un camino equivocado porque nos arrastran nuestras amistades, recuperemos nuestra capacidad de decisión y continuemos por nuestra cuenta sin necesitar a nadie más.

Seis en quinto lugar
Somos personas correctas y honestas, pero seguramente también habremos cometido algún error. Lo único que tenemos que hacer es reconocerlo cuanto antes. Esto no nos perjudicará en absoluto porque nuestra bondad será reconocida.

Seis arriba
Si persistimos en nuestros errores y continuamos por el camino equivocado nos veremos notablemente perjudicados. Si todavía estamos a tiempo, modifiquemos nuestra conducta y no vayamos contra el orden natural de las cosas.

25. WU WANG
LA INTEGRIDAD

SENTENCIA
La integridad triunfa
Quien no es recto encuentra la desgracia
No es oportuno iniciar nada

IMAGEN
El trueno retumba bajo el cielo
y las cosas sinceras encuentran su lugar
Así los antiguos reyes promulgaban leyes
de acuerdo con la naturaleza
procurando beneficios a todos

Significado adivinatorio

Sin duda, nos encontramos en una situación en la que aquello que estamos esperando parece que no se produce. Forma parte del destino del hombre vivir momentos en los que aquello que se está esperando no puede producirse por condiciones objetivas. Esto no significa que las cosas no tengan solución, sino que la solución puede llegar precisamente mediante algo que no esperamos y que actúa por encima de nosotros sin que podamos preverlo. Esto es así porque las cosas no son casi nunca como las esperamos: el pesimista las imagina peores, el optimista mejores. Las cosas son como son, y precisamente de esta esencia de las cosas deriva nuestro destino. Aquí se habla de destino como de algo que nos puede liberar de un repentino obstáculo o de una tensión acumulada. Pero para acoger el signo del destino la persona que ha recibido este hexagrama tiene que ser totalmente objetiva, igual que lo son las cosas que ocurren sin segundas finalidades. Por lo tanto, se trata de saber estar en su sitio, de no querer ir más allá y de esperar a que las cosas se aclaren, y ocurra lo que tiene que ocurrir. De este modo, la objetividad de las cosas penetrará en nosotros para que podamos ser como las cosas, objetivos.

Aplicación práctica

Amor
Dejemos que las cosas sigan su curso natural sin insistir en acelerar los acontecimientos. No debemos ser demasiado emprendedores con la persona que nos interesa y, si ya existe una relación, no nos apresuremos. Las relaciones que se ven más favorecidas son las que están basadas en el respeto recíproco y en la simplicidad. No adoptemos actitudes que no van con nuestro modo de ser.

Trabajo y finanzas
No es el momento de tomar decisiones ni de realizar cambios. Ciertamente todo mejorará, pero es importante permanecer tranquilo sin forzar las situa-

ciones. Evitemos los comportamientos provocadores, ya que así aceleraremos los cambios que deseamos y no tendremos que ocuparnos de nada más. Sería una actuación errónea de la cual nos arrepentiríamos pronto.

Salud
Si hemos tenido o todavía tenemos problemas de salud, estos pasarán de manera natural, sin terapias particulares. Por manera natural se entiende cuidando la alimentación, usando productos elaborados con hierbas, como por ejemplo tisanas, realizando ejercicio físico con moderación o ejercicios para relajación y, en alguna ocasión, incluso con un corto periodo de ayuno. No nos hace falta nada más.

Consejos generales
Frente a cualquier problema, el hexagrama n.º 25 aconseja honestidad y respeto. Seamos fieles a la pureza interior, no actuemos por interés y combatamos las adversidades con la fuerza de nuestra integridad moral. Así será posible superar todas las dificultades.

Significado de cada línea

Nueve al principio
Si queremos tener éxito hemos de seguir el movimiento espontáneo de nuestro corazón. No hay que comportarse con doble intención, ni justificar los intereses con falsas argumentaciones.

Seis en segundo lugar
La espera es la madre del dolor, decía un gran sabio. Por consiguiente, tene-

mos que actuar sin tener en cuenta los frutos que podremos obtener. La pureza de corazón y el desinterés son la única vía para que brote la justicia. Hay que dar tiempo al tiempo en todas las cosas.

Seis en tercer lugar
No hay que ser demasiado ingenuo y fiarse de los demás, si no sabemos realmente con quién nos la jugamos. Podríamos salir muy perjudicados. Controlemos todos nuestros asuntos y no actuemos con desatención.

Nueve en cuarto lugar
Somos perfectamente capaces de obrar solos siguiendo nuestra propia línea de pensamiento. No nos dejemos desviar por los consejos de otras personas y sepamos que nadie nos puede quitar lo que es nuestro. Es más, si esto se ha producido, podemos estar seguros de que lo recuperaremos.

Nueve en quinto lugar
Las dificultades no dependen de nosotros, sino de causas externas o de alguna otra persona. Por lo tanto, no es posible remediar la situación, al menos por el momento. Dejemos que las cosas se aclaren por ellas mismas, hecho que no tardará en producirse.

Nueve arriba
No todas las acciones están en armonía con el momento. Por lo tanto, reunamos toda nuestra paciencia y esperemos a que las dificultades se atenúen. Por ahora es lo único que se puede hacer. Cualquier movimiento tendría resultados negativos.

26. TA CH'U
LA FUERZA DEL GRANDE

SENTENCIA
La fuerza domadora del grande
es propicia
Bien está vivir lejos de casa
Favorable es atravesar el gran río
IMAGEN
El cielo dentro de la montaña
es la imagen del poder del grande
Así el noble aprende a conocer el pasado
en donde está guardado un gran tesoro
y consolida su carácter

Significado adivinatorio

Ciertamente la situación es compleja, y nosotros notamos esta complejidad con una tensión interna que debe ser dominada. Este dominio de uno mismo es la base de los éxitos futuros. Es importante comprender que si ya en tiempos normales el dominio sobre uno mismo favorece la consecución de los objetivos, en épocas extraordinarias como las que están representadas por este hexagrama el autocontrol permite dominar una situación extraordinaria y compleja. Los medios que normalmente empleamos para alcanzar la serenidad ya no nos bastan, puesto que se trata de crecer en relación a obligaciones nuevas y más exigentes. Además de coherencia y honestidad, es conveniente servirse de todo lo que, puede ayudarnos. Miremos a nuestro alrededor e intentemos averiguar la forma de obtener nuevos instrumentos para enriquecer nuestro carácter a partir de lo que vemos. Miremos dentro de nosotros mismos para trasladar al presente hechos o situaciones que nos recuerden la situación actual y la forma de afrontarla. Lo importante es no quedarse cerrado en uno mismo sino abrirse, conscientes de que esto puede ayudarnos a lograr aquel dominio de nosotros mismos, que significa la superación de las circunstancias actuales y el enriquecimiento de nuestra personalidad.

Aplicación práctica

Amor
Si queremos que el sentimiento que nos llena el corazón sea duradero, tenemos que reflexionar sobre nuestras experiencias pasadas para alejar en la medida de lo posible el peligro de una ruptura. Habrá que hacer cosas en común con la persona amada. Puede ser que tengamos que esperar pacientemente a que la pareja tome algunas decisiones. No la forcemos.

Trabajo y finanzas
Ciertamente ha de producirse una mejora o un ascenso de una cierta impor-

tancia en el terreno social y profesional. Además de un poco de paciencia, también hace falta disponibilidad para tomar decisiones, para efectuar algunos cambios y asumir otras responsabilidades. Tenemos que frecuentar gente nueva, ampliar nuestro círculo habitual de relaciones y tendremos oportunidades interesantes.

Salud
Aunque no de manera inmediata, con el paso del tiempo recuperaremos todas nuestras energías y llegaremos a la curación total, en caso de que hubiéramos padecido alguna enfermedad. En este ámbito también es necesario tener un poco de paciencia. Sería muy beneficiosa una estancia en un lugar tranquilo en donde hubiera la posibilidad de entablar nuevas relaciones y de probar nuevos sistemas de terapia.

Consejos generales
El hexagrama en cuestión aconseja valorar las experiencias pasadas para poder penetrar en el fondo de los problemas y comprender su esencia. Los proyectos a largo plazo aparecen más beneficiados que los de corto plazo. Hay que decidir con mucha atención el momento de actuar.

Significado de cada línea

Nueve al principio
La intención sería actuar o proseguir con una cierta energía. Sin embargo, problemas de distinta índole dificultan el camino. Quererlos superar a cualquier precio no trae fortuna. Es mucho mejor esperar a que el terreno se despeje.

Nueve en segundo lugar
Lo único que se puede hacer es esperar y mientras tanto acumular fuerza interior y consolidar las convicciones personales. Esto no comporta dificultades particulares, por lo cual la espera podrá servir para preparar el momento de la acción.

Nueve en tercer lugar
Hay que seguir adelante con confianza, siguiendo el programa previsto. Mejor todavía si encontramos a alguien que piensa igual que nosotros. Pero confianza no significa negligencia frente a los peligros que siempre pueden presentarse.

Seis en cuarto lugar
Procuremos controlar todas nuestras reacciones a fin de evitar posiciones excesivamente vehementes. Asimismo, intentemos cortar desde el principio las posibles dificultades. No dejemos que se instauren en la situación actual.

Seis en quinto lugar
Seguir los instintos puede hacernos perder el sentido de la medida y la visión objetiva de las cosas. Es preciso actuar con diplomacia de manera que sea posible alcanzar las mismas metas que nos habíamos propuesto lograr con una acción violenta.

Nueve arriba
Por fin ha llegado el momento de la victoria sobre todos y superando todas las oposiciones. Hemos logrado que se entienda plenamente nuestro modo de ser, y ahora podemos actuar con la seguridad de contar con la aprobación general por parte de las personas de nuestro alrededor.

27. I
LA NUTRICIÓN

SENTENCIA
Perseverancia trae salud
Mira cómo los demás se nutren
y cómo te nutres tú mismo

IMAGEN
El trueno retumba debajo de las montañas:
nutrición
El noble es moderado
al hablar y al nutrirse

Significado adivinatorio

Seguramente sufrimos algún trastorno que ha provocado un cierto cansancio y una necesidad, de la cual quizás aún no somos conscientes, de reposar, de nutrirnos y de regenerar nuestras fuerzas. Esto puede entenderse desde el punto de vista físico y también desde el punto de vista referente a nuestro crecimiento espiritual. Por otro lado, se trata ya sea de nuestra posición en tanto que seres a nutrir, como de nuestro papel de nutridores para los demás. Ello significa que en momentos como estos, lo que entra y lo que sale de nosotros tiene que ser valorado atentamente, ya que se trata de alimento verdadero, un nutrimento que satisface nuestras necesidades reales. De la misma manera que no tenemos que ceder al hambre engullendo todo lo que tengamos delante, sino que elegiremos lo que realmente nos alimenta, por mucho que nos acucie el hambre, no debemos perjudicarnos aceptando todo lo que nos sea presentado como bueno. En momentos como este no podemos dejarnos llevar por la necesidad. Una vez reconocida cuál es nuestra necesidad y la del otro, procuremos satisfacerla de manera racional. De esta manera lo que nos nutre, ya sea alimento o una palabra, no tendrá sólo la función de nutrirnos, sino también la de hacernos crecer.

Aplicación práctica

Amor
Este sentimiento tiene una cierta dificultad en manifestarse por un lugar o por otro. Muy probablemente la persona que interesa necesita una ayuda porque tiene problemas o preocupaciones de varios tipos. Hay que dejar a un lado los intereses personales y no esperar una solución inmediata. La relación, si se lleva a cabo, necesita aún tiempo para manifestarse.

Trabajo y finanzas
No es el momento de esperar mejoras o cambios del estado actual de las cosas.

La situación es bastante pasiva y, por ahora, no se prevén grandes cosas. Por otra parte, aunque se presentara alguna nueva oportunidad, el consejo es contentarse con lo que se tiene. El futuro nos lo demostrará. Esto no significa que no se deba hacer todo lo posible para mejorar personalmente.

Salud
En este periodo es necesario que nos preocupemos por nuestro cuerpo y por nuestra salud, ya que tenemos tendencia a caer en los malos hábitos. No se necesitan grandes cosas. Es importante seguir una dieta adecuada. Poco a poco notaremos sus efectos benéficos.

Significado de cada línea

Nueve al principio
Hemos olvidado por completo que el gran respaldo del hombre es su fuerza espiritual. Ahora preferimos dejar espacio a la avidez y a la envidia, algo que no nos honra y además nos perjudica. Tenemos que intentar reencontrar nuestra esencia.

Seis en segundo lugar
No nos comportemos sin dignidad, no neguemos la ayuda a los demás, sobre todo si se trata de personas que de alguna manera son superiores. Recordemos que por ahora sólo podemos confiar en nosotros y en nuestra fuerza.

Seis en tercer lugar
No continuemos pasando de una necesidad a otra, de una satisfacción de los sentidos a otra. Si lo hiciéramos dispersaríamos nuestra vida y no llegaríamos a nada bueno. Tenemos que estar en sintonía con el alma en lugar de estarlo con los deseos.

Seis en cuarto lugar
Miremos a nuestro alrededor para encontrar a alguien que pueda ayudarnos. No debemos tener miedo de dirigirnos a otras personas porque seremos escuchados, sobre todo porque nuestra necesidad no estará fundada en el egoísmo. Por consiguiente no podemos cometer errores.

Seis en quinto lugar
Seamos conscientes de que en las circunstancias actuales no tenemos una gran fuerza y, por lo tanto, no podemos llevar a cabo grandes cosas. No es aconsejable actuar, sino que es preferible buscar la manera de reforzarnos interiormente. Hay que seguir la vía trazada por otros.

Nueve arriba
Debemos tener plena conciencia de lo importantes que podemos llegar a ser y de que las personas de nuestro alrededor nos toman como ejemplo. Esto nos confiere una gran responsabilidad. Por consiguiente, tenemos que actuar con vistas al interés colectivo.

28. TA KUO
LA PREPONDERANCIA DEL MÁS FUERTE

SENTENCIA
La viga maestra se dobla
Propicio es tener a donde ir

IMAGEN
Los árboles están sumergidos en el agua
imagen de la preponderancia
Así el ser superior
sabe estar solo sin miedo

Significado adivinatorio

Demasiadas cosas, demasiados nervios, día tras día hemos ido acumulando mucha tensión. Es totalmente necesario librarnos de ellos, tanto si se trata de responsabilidades que hemos asumido y que no tenían que ver directamente con nosotros, como si son responsabilidades que nos han atribuido, o bien responsabilidades nuestras. En momentos como este el peso de la existencia puede resultar insostenible. Ni hablar de sacarse de encima por la vía rápida este peso. Si, al igual que Atlas, encontráramos un Hércules dispuesto a sostener en nuestro lugar el peso del mundo, no tendríamos que acceder, ya que la situación es que las cosas deben transformarse, pero según un orden que permita realizar los objetivos que hasta ahora nos han costado tantos esfuerzos. Entonces, es importante liberarnos interiormente de estos pesos y actuar como si no existieran, manteniéndonos serenos ante cualquier pensamiento negativo y firmes en nuestra postura, que

es la correcta, aunque conlleve muchas dificultades. No nos asustemos ante lo que tengamos que hacer: si lo logramos, bien; si no lo logramos, no nos preocupemos, no tendrá ninguna influencia negativa en el futuro.

Aplicación práctica

Amor
El hexagrama n.º 28 no prevé nada bueno en la relación que nos interesa. Seguramente ya habremos notado que hay una gran diferencia de carácter entre nosotros y la pareja, o aspirante a tal. Esta diferencia aumentará todavía más con el paso del tiempo y nos causará más de una desilusión. Quizás es mejor acabar la relación con delicadeza.

Trabajo y finanzas
Quizá hemos exagerado o estamos exagerando nuestras actitudes; lo cierto es que las cosas no funcionan bien. La situación es bastante precaria y requiere sentido común y mucha disponibilidad

para el cambio, aunque para ello se tenga que desafiar a todo el mundo. La única manera de superar las adversidades es concienciándose enérgicamente.

Salud

Nos estamos excediendo en todo, incluso en los medicamentos. Si no queremos enfermar debido a dicho exceso, es necesario valorar nuestro estado físico y psíquico. La agitación nerviosa es muy considerable, y no podemos seguir reprimiéndola con píldoras o cosas por el estilo. Sería mucho mejor afrontar los problemas desde la raíz, y esto nos permitiría recuperar una buena forma física.

Consejos generales

Tenemos que aprender a conocernos a nosotros mismos y saber cuáles son nuestras posibilidades, para no correr el riesgo de darnos un buen batacazo. Hecha esta premisa, debemos recordar que las situaciones a las que hace referencia el hexagrama n.º 28 siempre encierran dificultades. Lo ideal es solventarlas cuanto antes usando el sentido común.

Significado de cada línea

Seis al principio

Hay que ser muy prudente en todas las situaciones, ya que existe un gran peligro de echarlo todo a perder. De ninguna manera podemos actuar sin antes haber valorado atentamente todas las posibilidades. Usemos el sentido común.

Nueve en segundo lugar

A pesar de las dificultades, estamos en el buen camino. De todos modos, hay que revigorizarse para que broten nuevas oportunidades que nos ayudarán a la realización de lo que nos interesa.

Nueve en tercer lugar

No hay que comportarse con arrogancia ni, mucho menos, ignorando los consejos de quien quiere nuestro bien. Si lo hiciéramos, lo echaríamos todo a perder, puesto que nadie estaría dispuesto a darnos la ayuda que realmente necesitamos.

Nueve en cuarto lugar

Seguramente podremos salirnos con la nuestra y obtener lo que deseamos. Pero nos estamos equivocando en la forma de tratar los asuntos y a las personas. Es más, estamos actuando guiados exclusivamente por nuestro interés. Hay que darse cuenta de ello y enderezar rápidamente el rumbo si no queremos ser humillados.

Nueve en quinto lugar

Quizás estamos renovando algo en nuestra vida, pero sin un verdadero esfuerzo personal esta renovación no dará grandes frutos. En contrapartida, tampoco nos perjudicará. Es conveniente saber aceptar las cosas tal como vienen, sin grandes ambiciones.

Seis arriba

Lo mejor sería renunciar a lo que nos gustaría hacer. Las fuerzas que se necesitarían para realizarlo están por encima de nuestra disponibilidad y, siguiendo por este camino, agotaríamos todas nuestras energías y, al final, nos encontraríamos cansados y sin haber obtenido ningún resultado.

29. K'AN
EL AGUA QUE FLUYE

SENTENCIA
Abismo sobre abismo
peligro sobre peligro
pero si se es sincero
se logra igualmente el éxito

IMAGEN
El agua fluye y alcanza su meta
Así el hombre superior mantiene su virtud
y enseña a los demás

Significado adivinatorio

Este hexagrama indica que el destino se prepara. Día tras día hay fuerzas que están en movimiento coordinadas para dar a nuestra vida una estructura coherente y cohesionada. Así como el agua fluye siguiendo la ley de la gravedad, nuestra vida fluye colocando cada cosa en su sitio en el momento oportuno. Esto no significa que los pasos no deban ser tortuosos. A veces, la línea recta no es la línea más rápida entre dos puntos. No hay que tener miedo de decir o de hacer cosas que puedan comprometer nuestra situación. En cambio, procuraremos no ser irreprensiblemente fieles a nosotros mismos. Lo importante no es que las cosas se aclaren rápidamente, sino que con nuestra contribución o con la de otras personas llegue un día en que se aclaren definitivamente. Entonces, no rehuyamos ningún obstáculo y avancemos inexorablemente y con calma tal como nos sugiere nuestra conciencia. No hay que temer la vuelta a situaciones pasadas, porque podrían darnos nuevas indicaciones.

Ciertamente esperamos mucho de nosotros mismos y, por lo tanto, es importante no infravalorar los obstáculos. Las cosas son así, pero nuestro valor personal no es lo que está en juego, puesto que nosotros sabemos perfectamente la forma de mostrarnos fuertes a pesar de todas las dificultades.

Aplicación práctica

Amor
Los pronósticos no son buenos y se necesita tener el coraje de analizar bien la situación. La persona que nos interesa nos podría causar muchas preocupaciones, y esto desaconseja el inicio o la prolongación de una relación que difícilmente se moverá en aguas tranquilas. Riesgo de traiciones y de habladurías desagradables por parte de amigos.

Trabajo y finanzas
Tenemos que ir con mucho cuidado con las personas con las que estamos en contacto porque existe el riesgo de que

se produzcan líos y de que las relaciones sean difíciles. Es muy probable que los intereses ajenos choquen con los nuestros, y el perdedor será quien ha iniciado el conflicto. No ampliemos nuestra actividad y vigilemos en cómo gastamos el dinero.

Salud
Este apartado tampoco es favorable cuando se presenta el hexagrama n.º 29. Riesgo de problemas de índole variada, de intoxicaciones y, para las mujeres, de problemas ginecológicos. No hay que eludir los problemas y esperar a que se solucionen por ellos mismos. Hay que conocer la opinión de varios médicos, aunque para ello tengamos que desplazarnos a otras ciudades.

Consejos generales
Aunque la situación que se vive es difícil, no tenemos que renunciar a la acción. Es más, hay que aprovechar esta experiencia para movernos adecuadamente y sacar partido de la menor posibilidad. Seamos muy prudentes con las personas con quienes tenemos que relacionarnos.

Significado de cada línea

Seis al principio
A fuerza de vivir rodeados de dificultades, corremos el peligro de no verlas, hecho que conlleva otras dificultades añadidas. Tenemos que estar alerta, evitando dar pasos en falso y siguiendo un comportamiento recto, a pesar de que a veces esto nos parezca muy difícil.

Nueve en segundo lugar
No nos mortifiquemos para salir a toda costa de una situación difícil. Basta con

saber ver con los ojos bien abiertos la realidad que nos rodea y realizar pequeños pasos que pueden servir de base para el futuro. No sirve de nada alterarse.

Seis en tercer lugar
Aunque nos parece que hemos acabado hundidos en una fosa, tenemos que detenernos y no seguir tomando más decisiones. No intentemos rehuir los problemas porque, por desgracia, no es posible. La vía que hará posible la solución no tardará en presentarse, pero por el momento todavía está por llegar.

Seis en cuarto lugar
No es que las expectativas nos permitan ser muy optimistas, y la ayuda que nos puede llegar de otras personas puede ser que nos sirva de muy poco. No obstante, hay que aceptarlo porque de esta situación podrá surgir algo que sea mejor. Procuremos tener clara la situación.

Nueve en quinto lugar
En momentos como este no nos está permitido hacer demasiado. Esto no significa que debamos permanecer inmóviles esperando los acontecimientos, sino seguir el camino que comporta menores dificultades sin pararse a pensar demasiado. De esta forma se podrán superar los peligros.

Seis arriba
Por desgracia, no hay nada que hacer. Nos sentimos desarmados ante los peligros e incapaces de tomar una decisión. Y es que, efectivamente, ninguna solución es posible. Sin embargo, el periodo negro se terminará, y con esta esperanza tenemos que empezar a pensar en lo que se debe hacer.

30. LI
LA LLAMA ARDIENTE

SENTENCIA
La llama se alza y resplandece
La perseverancia trae fortuna
El hombre se atiene a los rectos principios

IMAGEN
El sol ilumina y arde como el fuego
El gran hombre ilumina el mundo
con su claridad interior

Significado adivinatorio

La paciencia es la virtud de los fuertes, y este es precisamente el caso que nos ocupa. En efecto, gracias a la paciencia se puede responder en el momento oportuno con la acción adecuada. Saber elegir el momento y ser capaz de expresar en aquel preciso instante todo el potencial de saber y de fuerza acumulados nos permite llevar a cabo la obra. Esto significa que el momento apropiado debe estar bien elegido, y para hacerlo no hay que tener miedo de mirar hacia todas partes, ya que nadie puede afirmar que la llave se pierde sólo allí donde hay luz. Y quien la busca en donde hay luz, en lugar de buscarla en donde la ha perdido, naturalmente no la encuentra. Entonces, es importante continuar la búsqueda de la claridad, apoyándonos en el hecho de que fuerza no nos falta, y que, además, contamos con la paciencia necesaria. De esta forma, no sólo se nos aclarará lo que estamos buscando, sino también nosotros mismos, que cada día seremos más claros. Que la fuerza no nos falte no significa que la tengamos que derrochar, y en este sentido nos será muy útil la paciencia porque no sólo nos permitirá llegar a la meta, sino que además podremos alcanzarla teniendo la posibilidad de disfrutar de ella. Lo mismo le ocurre al corredor, que no puede contentarse con llegar a la meta, sino que tiene que superarla.

Aplicación práctica

Amor
Ha nacido o está naciendo una gran pasión que colmará el corazón, la mente y los sentidos. Es lo más gratificante que nos podía haber ocurrido, y nuestra vida se iluminará. Este sentimiento debe ser cultivado para que siga dando sus frutos con el paso del tiempo, y para ello tenemos que estar dispuestos a dar mucho y a renunciar a algo.

Trabajo y finanzas
Se anuncian tiempos muy favorables. Nuestra actividad, sobre todo si la vivi-

mos con pasión y entrega, nos está llevando arriba. No dejemos de lado el entusiasmo y, si se presenta la ocasión, estemos dispuestos a efectuar cambios que nos permitan dar más, sin perder el equilibrio de nuestro comportamiento.

Salud
Nuestra forma de tomarnos la vida, siempre un poco alocada, exige un gran derroche de energías y nos puede provocar un periodo de nerviosismo. La actividad sexual, a pesar de que nos da grandes satisfacciones, también debería ser más equilibrada. Procuremos acercarnos a algún camino espiritual, que a buen seguro nos proporcionará muchas más satisfacciones.

Consejos generales
Ciertamente el n.º 30 es un hexagrama muy positivo y de gran luminosidad, pero incluye el riesgo de una pasionalidad excesiva en todas las manifestaciones del ser. Por lo tanto, es aconsejable un mayor equilibrio y la plena conciencia de lo que es justo. De esta manera se podrá conducir las cosas tal como se desea.

Significado de cada línea

Nueve al principio
No nos dejemos distraer por actividades demasiado caóticas o por el paso inexorable de los días. Es muy importante que tengamos plena conciencia de lo que estamos haciendo y de cómo se mueven las cosas a nuestro alrededor. Seamos fieles a nosotros mismos.

Seis en segundo lugar
Las cosas no podrían ir mejor, y quizá podría nacer en nuestro interior el deseo de llegar más arriba de lo que podría ser lícito. Y, por el contrario, nuestro éxito y su mantenimiento se deben precisamente a una conducta moderada y armoniosa.

Nueve en tercer lugar
La situación es un poco precaria y podría comportar la llegada de problemas y situaciones negativas de distinta naturaleza. Es inútil esperar que el destino deje de seguir su curso. Por otra parte, es importante no dispersarse en estados de ánimo mutables.

Nueve en cuarto lugar
Procuremos no gastar energías inútilmente y dosificarlo todo de la forma más equilibrada posible. Muy probablemente tendremos entonces un golpe de éxito que, sin embargo, precisamente por la velocidad con que se habrá manifestado, también decrecerá muy rápidamente.

Seis en quinto lugar
Nos estamos dando cuenta de que algo no va y tenemos tendencia a desesperarnos más de lo debido. Por lo tanto, ahora ha llegado el momento de demostrar nuestro buen hacer pidiendo consejo a alguien a quien tengamos en gran consideración y manteniendo las ideas claras. Esto nos beneficiará inevitablemente.

Nueve arriba
Tanto si debemos replantearnos nuestra conducta, como si debemos examinar y juzgar la de los demás, es indispensable tener un gran equilibrio y mucha comprensión. Únicamente se tiene que modificar lo que realmente tiene defectos graves.

31. HSIEN
LA ATRACCIÓN (UNIÓN)

SENTENCIA
Atracción. Triunfo
Propicia es la perseverancia
Tomar esposa es bueno

IMAGEN
La montaña está sobre el lago
Así el noble está preparado
para acoger a aquellos que se le acercan

Significado adivinatorio

Este hexagrama indica la posibilidad de éxito a través de influencias externas. Todos creemos ser muy completos sin darnos cuenta de la gran influencia que tienen sobre nosotros las personas que nos rodean. Sólo cuando algo nos falta nos dirigimos dolorosamente a nosotros mismos y nos damos cuenta de la importancia de lo que hemos perdido. Aquí se trata de aceptar conscientemente la dependencia que nos une a los demás ya que esta, junto al discernimiento pausado, nos permite gozar de las alegrías que la vida nos reserva. Es importante no pedir más de lo que la otra persona o la realidad nos pueden ofrecer. El equilibrio entre todas las cosas es tal que sólo se pueden disfrutar si se tiene el sentido de la medida. Esto significa aceptar las cosas que ocurren y las personas con quienes entramos en contacto sabiendo la forma de no perderlas, pero sin que nosotros dejemos de estar en nuestro lugar, puesto que los demás nos completan al igual que nosotros podemos completarles a ellos. En este encuentro libre pero mesurado, en esta aparente paradoja entre libertad y orden, toda la vida se completa.

Aplicación práctica

Amor
Hexagrama muy favorable que indica éxitos en todos los asuntos afectivos. En caso de desearse, el matrimonio está asegurado. De todos modos, son positivas todas las uniones y todas las relaciones, ya que están fundamentadas en la atracción recíproca. Los sentimientos son ensalzados y causarán solamente sensaciones bellas y gratificantes. El egoísmo queda arrinconado y se actúa exclusivamente por el bien común.

Trabajo y finanzas
Las perspectivas son más que buenas, especialmente si se colabora con personas que nos aprecian y que actúan

movidas por un interés común. Tanto si se trabaja como asalariado, como si se hace por cuenta propia, se recibirán propuestas interesantes. Hay que estar dispuesto a aprender de los demás con simplicidad y sin ningún tipo de egoísmo.

Salud
Hay que seguir terapias naturales tanto como sea posible y realizar ejercicios para mejorar el equilibrio interior y para acostumbrarnos a estar con los demás. En algunas ocasiones, la dificultad para comprender la esencia más profunda de nuestro ser puede provocar disturbios psicosomáticos. En cualquier caso, este hexagrama indica buena salud, aunque aconseja lo anteriormente dicho.

Consejos generales
Es muy importante aprender a convivir con los demás, porque todas las personas, incluso las más humildes e incultas, tienen algo que enseñar. Hay que estar dispuesto a aceptar lo que nos depare el destino, pero se tiene que dar lo mejor de uno mismo para no echarlo a perder.

Significado de cada línea

Seis al principio
Guardemos para nosotros cualquier decisión que queramos tomar porque cuanto menos los demás se den cuenta de nuestras intenciones, más éxito tendrá nuestra acción cuando se produzca. De esta forma también mantendremos alejados a los enemigos.

Seis en segundo lugar
No nos movamos, no hagamos nada que no sea puramente pensar. En este momento, cualquier acción nos acarrearía daños notables, ya que estaría dictada por una impulsividad nefasta. Procuremos comprender a fondo lo que nos angustia.

Nueve en tercer lugar
No hagamos caso de nuestros instintos o de la pura impulsividad. No hagamos caso de la gente que nos circunda, ni tampoco tengamos la pretensión de convencerles. Este es un momento muy delicado y no respetar la conducta que acabamos de describir sería muy negativo.

Nueve en cuarto lugar
Es importantísimo estar convencido de que cada una de nuestras ideas y cada una de nuestras acciones están dictadas por la pureza del corazón. De este modo no tendremos necesidad de convencer a nadie de nuestras buenas intenciones. Serán los demás quienes vengan a nuestro encuentro.

Nueve en quinto lugar
Si nos mantenemos firmes en nuestras ideas, sin dejarnos influenciar ni influenciar nosotros a los demás, podemos afrontar las dificultades. Estas podrán manifestarse a través de la incomprensión de alguien, pero la cosa no irá a mayores.

Seis arriba
Quizás estamos hablando un poco más de la cuenta. Quizá hacemos demasiado caso a personas que lo único que hacen es hablar de la vida de los demás, o bien que intentan convencernos de algo. El hecho de por sí no es perjudicial, pero es conveniente mostrarse más reservado.

32. HÊNG
LA CONSTANCIA

SENTENCIA
Perseverancia trae buenos resultados
Propicio es saber a dónde ir

IMAGEN
Trueno y viento
El noble se mantiene firme y no cambia
de dirección

Significado adivinatorio

Si es cierto que por un punto Martín perdió la capa, seguro que no había consultado el *I Ching* antes de perderla. Porque de lo contrario, habiendo obtenido este hexagrama, habría comprendido que a veces es mejor esperarse para poder intervenir en el momento adecuado, que quererlo todo rápidamente y quedarse sin nada cuando llega el momento. Bien mirado, todo va bien, y el hecho de que se presenten dificultades sólo significa que hay que ocuparse de ellas. Ocuparse de los pormenores, naturalmente, porque cuando los deseos que queremos se realizan, requieren una total disponibilidad por nuestra parte. Esto es así en todas las cosas y aún con mayor razón en las que más deseamos. Cuanto más deseado ha sido algo, más paciencia se necesita para que se cumpla de la manera que esperábamos. Entonces, es importante que se actúe tal como se ha venido actuando hasta el momento, que todo lo que tenga que hacerse se haga, y que la única preocupación consista en ser fiel a lo que sabemos que es el camino recto. Esto no significa no poder cambiar de comportamiento o incluso de idea, sino solamente que cada idea y cada comportamiento deben estar orientados a la consecución del objetivo.

Aplicación práctica

Amor
Si se trata de una relación existente, no hay lugar a dudas: será duradera, aunque en el camino se encuentren algunas dificultades. En general, será una relación muy importante, guiada por ambos con mucha constancia y seriedad. En cambio, si la relación ha sufrido alguna interrupción, no habrá ninguna posibilidad de reanudación. Por lo tanto, fíjeza en un sentido o en otro.

Trabajo y finanzas
Indudablemente se trata de un signo de solidez y de duración en todos los sentidos, tanto en lo bueno como en lo malo. En efecto, si los negocios funcionan

bien, irán todavía mejor y cada vez serán más sólidos. Pero si se está atravesando un periodo desfavorable, las cosas difícilmente cambiarán. Por lo tanto, es preferible pensar en otra cosa, en lugar de adoptar posiciones intransigentes.

Salud

En líneas generales las mejoras son constantes. Pero si ya se sufren problemas o enfermedades crónicas, estas no se curarán. Es importante tener mucha determinación para seguir el tratamiento indicado sin desalentarse. Con la voluntad, las enfermedades crónicas también se pueden mantener a raya.

Consejos generales

Hay que ser constante en todas las situaciones, aunque a veces se puede necesitar una cierta ductilidad, hecho que no significa perder de vista los objetivos personales. La intransigencia sólo puede crear obstáculos, en tanto que una respuesta apropiada puede ayudarnos en cualquier circunstancia.

Significado de cada línea

Seis al principio

Si queremos que perdure lo que nos interesa, tenemos que reflexionar y estudiar todos los puntos de vista posibles. El único modo de alcanzar lo que deseamos es mediante una acción lenta y constante. Cualquier intento de forzar las situaciones sería un error.

Nueve en segundo lugar

A pesar de que nos parezca necesario actuar con inmediatez, sólo hay que intervenir si el momento es propicio, puesto que cada movimiento anticipado no traería nada bueno. Debemos mantenernos firmes en nuestros principios, de manera que cuando llegue el momento adecuado podamos actuar.

Nueve en tercer lugar

Si no queremos sufrir grandes desilusiones o, peor todavía, tener que avergonzarnos públicamente, no nos dejemos llevar por estados de ánimo variables y tumultuosos. Las personas que nos quieren se alejarían rápidamente.

Nueve en cuarto lugar

Nos estamos equivocando de trayectoria. En el lugar por donde nos movemos no pueden producirse los resultados que deseamos. Por lo tanto, la constancia se muestra inútil. Si queremos encontrar petróleo no podemos buscarlo en un campo de trigo.

Seis en quinto lugar

Si nuestra misión es tomar decisiones, tenemos que hacerlo sin mostrar intransigencia y, si se presenta el caso, incluso cambiando la manera de comportarnos. Por el contrario, si nuestra función es obedecer las decisiones de otros, no cambiemos.

Seis arriba

Si continuamos alterándonos sin motivo, si cambiamos repentinamente de opinión, si somos presa de nuestras angustias, no podemos esperar nada positivo. Lo único que haríamos sería movernos sin avanzar causando más perjuicios que otra cosa.

33. TUN
LA RETIRADA

SENTENCIA
La retirada es positiva
si se realiza en el momento oportuno

IMAGEN
La montaña está bajo el cielo
El noble con sangre fría
mantiene alejado al enemigo

Significado adivinatorio

Sólo quien no confía en sus propias fuerzas puede confundir la retirada con la huida. La retirada no es más que la consecución de la posición óptima para el ataque ganador. Entonces, no tendremos miedo de volver sobre nuestros pasos y momentáneamente apartarnos del centro de nuestros intereses, porque se trata de ganar la posición adecuada que responda a las condiciones objetivas, al igual que un ejército no ignora las condiciones del terreno para trasladarse al lugar más apropiado para la maniobra. Retirándonos en este momento no malgastaremos fuerzas y además no daremos al otro la posibilidad de herirnos. Es importante no esperar, ya que la retirada ocasiona daños a quien no la realiza con orden y en el momento oportuno. No se trata de abandonar nuestros proyectos, sino simplemente de colocarnos en condiciones de realizarlos en el momento oportuno. Mientras tanto, debemos ocuparnos de lo que nos rodea y de los problemas cotidianos. Así adquiriremos aquella seguridad propia de quien ha cumplido con su deber y que puede dedicarse tranquilamente a lo que más le gusta. Hay que esperar en esta situación porque con toda certeza llegará el momento de realizar lo que deseamos.

Y, durante la espera, acumulemos fuerzas y velemos por nuestros intereses sin preocuparnos de todo lo demás.

Aplicación práctica

Amor
Es conveniente tomarse un tiempo de reflexión antes de decidir si continuar o no la relación que nos interesa. También hay que aclarar con la pareja los motivos del desacuerdo. Además, si entre ambos hay alguna discusión pendiente, es mejor que busquemos la forma de ceder sin que ello nos haga perder la dignidad. Hay maneras y maneras de retirarse.

Trabajo y finanzas
En primer lugar, hay que reflexionar sobre la situación que estamos viviendo para ver con claridad los puntos positivos y los negativos. Muy probablemente habrá que cortar algunas ramas secas o abandonar actividades que no funcionan. Si tenemos la intención de encontrar un nuevo puesto de trabajo, tenemos que desistir, al menos por el momento.

Salud
Probablemente hemos abusado de nuestras fuerzas y ahora es necesario poner un remedio. Analicemos cuál de nuestras actividades es posible abandonar para aligerar la carga que llevamos encima. Procuremos hacer sólo lo que realmente nos agrada, ya que de lo contrario el nerviosismo sería excesivo y al final nos veríamos obligados a rendirnos.

Consejos generales
Las circunstancias que estamos atravesando no nos favorecen en nada. Por consiguiente, sería preferible abandonar, en cualquier terreno. Asimismo, hay que desconfiar de las personas con quienes nos relacionamos, hasta el punto de considerar la posibilidad de cortar los vínculos con ellas.

Significado de cada línea

Seis al principio
Salgamos de situaciones que se presentan difíciles, pero siendo nosotros quienes tomemos la iniciativa, antes de que algún enemigo nos empuje a hacerlo. Si no es posible echarse atrás, por lo menos mantengámonos firmes y no tomemos ninguna iniciativa.

Seis en segundo lugar
Estamos vinculados a algo o a alguien que se encuentra en una posición de superioridad respecto a nosotros. Por el momento es muy difícil, por no decir imposible, romper este vínculo. A pesar de ello, pensemos en lo que hay que hacer en el futuro próximo.

Nueve en tercer lugar
Para salir de una situación que cada vez está más liada, puede ser útil asociarse con alguien por quien no tenemos una gran estima. Pero los tiempos que corren exigen este tipo de sacrificio. Actuemos en este sentido.

Nueve en cuarto lugar
Apartémonos de situaciones, ambientes o personas que ya no consideramos convenientes. Pero hagámoslo con amabilidad y cortesía para evitar tensiones inútiles y enemistades. Sin embargo, la persona que nos haya perjudicado sufrirá a su vez un daño notable, y finalmente se dará cuenta de lo que nos ha hecho.

Nueve en quinto lugar
Ha llegado el momento de alejarnos de algo que consideramos negativo para nosotros. En este caso también tenemos que actuar con mucha corrección, pero sin dejarnos convencer para dejar que todo siga igual. Mantengamos nuestra decisión con firmeza.

Nueve arriba
Finalmente logramos ver el futuro con claridad, precisamente gracias a la profunda contemplación del problema y a la decisión de haber vuelto atrás. Esto nos tranquilizará bastante y nos hará actuar de la mejor manera posible.

34. TA CHUANG
LA FUERZA DEL GRANDE

SENTENCIA
La fuerza del grande
Propicia es la perseverancia
en lo que es justo

IMAGEN
El trueno está arriba en el cielo
El noble recorre sólo senderos
que corresponden al orden

Significado adivinatorio

Las cosas que tenemos en la cabeza pueden realizarse, o sea, nosotros tenemos el poder de realizarlas. Este poder no significa que lo que queremos hacer sea correcto, sino simplemente que está dentro de nuestras posibilidades. Para que nuestros intentos tengan más posibilidades de éxito, además de estar apoyados en una visión clara de las cosas, no debemos buscar una simple expresión de nuestras posibilidades, sino también la demostración de que lo que hacemos es honesto y justo. En efecto, si el poder sin grandeza es débil, el poder sin justicia es un abuso. Y los abusos acaban repercutiendo en quien los comete. Ahora es un momento en que las energías se ponen al servicio de nuestros intentos. Vigilemos en hacer solamente aquellas cosas por las cuales los hombres tienen un sentido de la justicia instintivo. Únicamente tenemos que movernos hacia ellas, y ser capaces de detenernos en el momento oportuno, o bien cuando nosotros mismos note-

mos que lo que estamos haciendo no concuerda con la armonía entre todas las cosas y entre los seres que nos rodean. Nunca hay necesidad de romper la armonía de las cosas, porque la potencia de verdad es la que actúa para reunir y no para destruir.

Aplicación práctica

Amor
Sin lugar a dudas es un hexagrama positivo, pero que transmite una advertencia: nunca se debe exagerar, incluso cuando se está seguro del sentimiento del otro. Por lo tanto, hay que mantener la relación en un plano de gran equilibrio, sin perder nunca de vista ni las actividades ni las relaciones con la otra persona. Si la relación todavía no está iniciada, sólo funcionarán bien los aspectos normales.

Trabajo y finanzas
Seguramente nos parece haber alcanzado la cumbre del éxito o, por lo menos, haber tomado el camino para lograrlo. Esto

es cierto, pero precisamente en este momento tan delicado se necesita concentrar toda la atención y ser coherente en todo, sin cambios posteriores. Mantegamos la atención y no dejemos que el entusiasmo o nuevas ideas nos trastornen.

Salud

Nuestro estado físico va por camino de mejorar y, sin embargo, tenemos la tentación de dejar de lado el tratamiento y las precauciones. Esto sería un grave error, porque volveríamos a recaer y sufriríamos de nuevo aquellos problemas que hace poco logramos vencer. Seamos moderados en todo, no cambiemos de terapia y sigamos escrupulosamente las indicaciones del médico. Podría ser muy útil seguir algún método que proponga ejercicios de respiración.

Consejos generales

Cuando las cosas, del tipo que sean, funcionan bien, se tiene la tendencia a hacer más de lo necesario, a exagerar los comportamientos y el instinto de potencia. El hexagrama n.º 34, a pesar de ser muy positivo, aconseja seguir con calma el camino por el que hemos optado, sin hacer nada que no sea totalmente correcto.

Significado de cada línea

Nueve al principio
No hay que seguir por el camino que se está mostrando equivocado. Mostramos demasiada confianza en nosotros mismos y tenemos tendencia a imponernos sobre los demás con la fuerza de nuestras decisiones. La confianza es necesaria, pero también hace falta saber controlar los instintos.

Nueve en segundo lugar
Las cosas funcionan perfectamente, pero nosotros corremos el riesgo de echarlo todo a perder con nuestra soberbia fuera de lugar. Debemos ser más humildes y evitar hablar demasiado de nuestros logros, ya que lo único que haríamos sería atraer corrientes negativas.

Nueve en tercer lugar
Seamos conscientes de las dificultades y no nos demos inútilmente con la cabeza contra la pared, porque nos la podríamos romper. La sensatez consiste en esperar tiempos mejores, renunciando a la lucha o limitándola.

Nueve en cuarto lugar
Las dificultades se están desvaneciendo y nosotros empezamos a tener una mayor sensación de libertad. Si preservamos en el sentido común y continuamos asumiendo nuestras responsabilidades podemos estar seguros de que todos los obstáculos irán cayendo.

Seis en quinto lugar
Quizá ha llegado el momento de abandonar la lucha o, por lo menos, de renunciar a posturas intransigentes. La tensión disminuye y nuestra agresividad también decrece. Es el momento adecuado para reflexionar sobre lo que se debe hacer.

Seis arriba
Llegados a este punto, la obstinación no sirve. Si continuamos así, no sólo correremos el peligro de no saber cómo resolver el problema, sino que además quedaremos atrapados por nuestras propias acciones. Tenemos que darnos cuenta de la situación. No intervengamos y todo se arreglará con el tiempo.

35. CHIN
EL PROGRESO SEGURO

SENTENCIA
El gran príncipe es honrado
y recibido tres veces por el rey

IMAGEN
El sol se está alzando sobre la tierra
Así el noble se ilumina de sus mismas
virtudes

Significado adivinatorio

Ha llegado el momento de progresar de una manera rápida y fácil en aquello que tanto deseamos y, al mismo tiempo, de añadir a nuestra conciencia de las cosas una visión más amplia y más clara. Esto significa que las cosas se cumplen, porque nuestra disposición es tal que sabemos cuándo hay que pararse, qué es lo que hay que hacer y cómo se tiene que hacer. Tenemos que saber no sobrepasar los límites del poder que poseemos y esto hará posible que, paso a paso y sin esfuerzo, alcancemos nuestros objetivos. Esto no significa que estemos limitados a la hora de actuar, sino que en cada momento debemos ser conscientes de lo que hacemos, prescindiendo de lo que hasta ahora nos había retenido por falta de libertad interior o de independencia de criterio. Este hexagrama presenta una progresión que permite encaminarnos hacia nuestras esperanzas y, al propio tiempo, mejorar nosotros mismos, más que mejorar el estado de las cosas. A veces sólo es po-sible progresar cuando las cosas, por decirlo de algún modo, nos vienen de cara. No hay nada que temer, siempre y cuando se mantenga la claridad interior. Lo que viene seguramente es de buen augurio y de gran utilidad.

Aplicación práctica

Amor
Hay a la vista éxitos sentimentales de gran envergadura, tanto si buscamos pareja, como si ya compartimos la vida con alguien. Las posibles dificultades, debidas quizás a problemas familiares, se están derrumbando y se abre ante nosotros un camino luminoso de serenidad. Nuestras cualidades emergerán y harán que la pareja o aspirante a tal se entregue a nosotros con todo el corazón.

Trabajo y finanzas
Todo está mejorando y se anuncian grandes satisfacciones. Los posibles desplazamientos o cambios resultarán muy positivos para nuestra actividad y

para nuestras relaciones, pero es necesario que utilicemos nuestra creatividad para aportar todo lo que podamos. El éxito se podrá alcanzar sobre todo con ideas geniales y personalísimas.

Salud

Se están disipando los motivos que hacen que nuestra salud no sea siempre perfecta. Con toda probabilidad hemos encontrado o encontraremos el tratamiento apropiado, que nos permitirá recuperar toda nuestra energía. También son muy beneficiosas las curas de aire y de sol que nos pueden renovar las ideas y hacernos ver los problemas con más claridad y objetividad.

Consejos generales

Todo lo que queremos o debemos hacer tiene que ser realizado a la luz del sol, sin ningún subterfugio ni acuerdos secretos. El éxito está a punto de producirse en las cosas que deseamos, pero por parte nuestra hace falta poner una base sólida para su realización. No demos nada por hecho y mantengamos una actividad continua.

Significado de cada línea

Seis al principio
No hay que desanimarse, a pesar de que las cosas no están yendo tal como desearíamos, o a pesar de haber personas que no se muestran solidarias tal como sería nuestro deseo. Mantengámonos tranquilos e imperturbables hasta que la situación haya mejorado.

Seis en segundo lugar
No atravesamos un buen momento porque nuestros deseos se ven frustrados y no logramos hacer nada para mejorar la situación. Durante estos periodos lo único que se puede hacer es esperar. En nuestro caso, un hombre o una mujer nos ayudará.

Seis en tercer lugar
Hay que apoyarse en las personas que desean nuestro bien porque su ayuda será muy positiva. Con toda seguridad nuestra situación mejorará por el hecho de estar en contacto con otras personas, aunque a veces acusaremos la falta de independencia.

Nueve en cuarto lugar
Seamos respetuosos y evitemos conductas equivocadas, porque seríamos desenmascarados rápidamente. No olvidemos que la prisa para alcanzar el éxito, así como el pretender cosas que por el momento son imposibles, tiene siempre efectos negativos.

Seis en quinto lugar
El no basarse exclusivamente en el rendimiento que produce una determinada acción casi siempre tiene efectos positivos. Nuestras acciones han de carecer de egoísmo y no deben estar guiadas por los intereses personales. Aunque nos encontremos en una posición privilegiada no debemos tener demasiadas pretensiones.

Nueve arriba
No seamos demasiado agresivos con las personas con quienes hemos de relacionarnos, aunque estemos convencidos de tener la razón. Hay que contener las propias reacciones y procurar hallar una solución a los problemas con quien los ha creado. Seamos reservados y no nos confiemos a los extraños.

36. MING I
LA LUZ OFUSCADA

SENTENCIA
La luz se ofusca
Frente a las adversidades
se necesita una recta perseverancia

IMAGEN
La luz está sumergida en la tierra
El noble, pasando entre la gente,
vela su luminosidad
pero no pierde su claridad

Significado adivinatorio

En la vida hay momentos en que todo parece conjurarse contra nosotros y contra nuestras expectativas. Es precisamente en estos momentos cuando hay que demostrar el valor, sin decaer y sin arrepentirse de lo que se ha hecho, si se había hecho con responsabilidad. Por otra parte, en momentos como este no se puede esperar alcanzar lo que se desea. Hay que hacer como el sol, que se eclipsa detrás de la luna pero sin perder su esplendor. Ciertamente hay personas que en el momento del eclipse creen que el sol ha desaparecido. Nosotros tenemos que estar convencidos de que en realidad, una vez haya transcurrido este periodo de oscuridad, todo volverá a brillar como antes. Cuando haya pasado este momento que exige esconder las virtudes y la lucidez personales, nosotros volveremos a influir en las cosas, tal como merece nuestra capacidad de mirar con claridad y de hacer resplandecer todo lo que nos rodea. Y si por casualidad encontramos a alguien convencido de que nosotros no entendemos nada, no nos preocupemos. Cuando sea el momento tendrá que creer en nosotros. Por otro lado, no creamos que las cosas son como parecen: dejémoslas pasar pero sin dejarnos engañar.

Aplicación práctica

Amor
Los sentimientos están ofuscados, el amor se está acabando y para muchos existe el riesgo de adulterio, activo o pasivo. Para otros es una relación que ha de ser vivida en secreto, sin posibilidad de legalizarla. Sería mejor encerrarse en uno mismo, renunciar a la relación e incluso evitar hablarlo con otras personas. Se deben evitar las interferencias ajenas y cualquier tipo de mentira.

Trabajo y finanzas
No hay nada positivo a la vista. En esta situación es totalmente necesario mantenerse alejados de la gente y esperar

tiempos mejores. Cualquier acción puede resultar nefasta, y hay que ser consciente del momento difícil que se está atravesando. Con un comportamiento esquivo y reservado se pueden resolver los problemas.

Salud
Desgraciadamente, por el momento la situación no es nada buena, ni se prevé que mejore a corto plazo. Dificultades de distinto tipo, infecciones, accidentes o problemas de la vista requerirán un periodo de recuperación en el hospital o de guardar cama en casa. Tendremos que cuidarnos mucho porque la única forma de recobrar la salud es vencer el mal desde sus raíces.

Consejos generales
En un momento en que cualquier cosa que hagamos saldrá mal, es totalmente necesario comportarse con seriedad y responsabilidad. También es conveniente no mostrar las cualidades personales, ya que en el estado actual de las cosas no pueden ser comprendidas, y mantener inalterable nuestra integridad.

Significado de cada línea

Nueve al principio
Periodo muy difícil, de incomprensión con las personas con las que nos relacionamos. A pesar de la seriedad al intentarlo, no sabemos cómo movernos ni qué dirección tomar. No obstante, hay que actuar, incluso en contra de opiniones ajenas.

Seis en segundo lugar
Tenemos que seguir el sentido del deber, que nunca ha de faltarnos. Los problemas están ahí y son difíciles de superar, pero tenemos que lograr vencerlos. Estos acarrearán otros problemas de relación y habladurías. Tengamos paciencia.

Nueve en tercer lugar
Tenemos que combatir las adversidades que nos acosan, pero con circunspección y sin excesiva agresividad, aunque estemos frente a nuestro enemigo. De no hacerlo, el daño podría ser peor de lo previsible.

Seis en cuarto lugar
Comprenderemos que nuestro enemigo no tiene ninguna intención de llegar a un acuerdo y de abandonar la guerra. Tenemos a nuestro alcance la posibilidad de actuar de la mejor manera posible, lo que significa retroceder.

Seis en quinto lugar
Durante este periodo debemos ser doblemente prudentes y fingir que no entendemos lo que se está tramando a nuestro alrededor. Mantengámonos firmes en nuestras convicciones y, de cara al exterior, actuemos de manera que nadie intuya lo que estamos esperando hacer así que nos sea posible.

Seis arriba
Lo peor ya se ha producido, pero justamente por esta razón las cosas tienden a mejorar. La persona (también podemos ser nosotros mismos) que haya hecho el mal será oportunamente castigada. No nos desesperemos y consolémonos con el hecho de que las adversidades no duran eternamente.

37. CHIA JÊN
EL CÍRCULO FAMILIAR

SENTENCIA
En el círculo familiar
la perseverancia de la mujer
trae buena fortuna

IMAGEN
El viento surge del fuego
El hombre superior
sabe ser prudente en las palabras
y firme en las acciones

Significado adivinatorio

Ha llegado el momento de actuar con seriedad, de encontrar el lugar que nos corresponde y de aceptar las leyes que se derivan de la responsabilidad que hemos asumido. El orden de todas las cosas tiene su origen en la capacidad de los seres de liberarse de aquellas funciones que están relacionadas con la esencia íntima de los lugares que ocupan. La vida sin estructura se disiparía en un continuo fluir de fuerzas que no tendrían ni meta ni objetivo. Al igual que ocurre en el orden de los hechos naturales, los hechos sociales dependen de esta capacidad de los seres de acordar un reparto de responsabilidades, de modo que no hay que temer que lo que se hace a raíz de la propia función, no sea una acción positiva o necesaria. Se trata de ser objetivos, y esto se refiere tanto a lo que se dice como a lo que nos debe ser dicho. Se trata, pues, de adaptarse al puesto que se ocupa y de actuar en consecuencia, del mismo modo que la ac-

ción sigue al pensamiento. A cada uno, según sus necesidades, de cada uno según las propias responsabilidades, es decir, estar cada uno en el lugar que le corresponde. Claro que esto es más fácil de decir que de hacer.

Aplicación práctica

Amor
Excelentes previsiones para quien desea contraer matrimonio, si bien antes hay que cerciorarse de que la persona amada esté dispuesta a dar un paso de estas características. Si ya se está casado, es posible que la familia aumente en número gracias a un nuevo nacimiento que nos hará muy felices. Hay que evitar las relaciones extraconyugales, que a largo plazo serían perjudiciales. Es importante dar a la familia la importancia que se merece.

Trabajo y finanzas
No es necesario ampliar nuestro radio de acción. Mucho mejor trabajar duro

para sacar provecho de lo que ya se posee, incluso asociándose a otras personas o pidiéndoles la opinión. Probable ayuda por parte de una mujer o posibilidad de acuerdos de trabajo o de dinero dentro de la propia familia. Es necesario el respeto de las jerarquías.

Salud
Aquellos que deseaban tener hijos, sobre todo las mujeres, deben tomarse un periodo de reposo en el seno de la familia. Esto también es válido para quien está pasando un momento de dificultades. Es inútil ir a buscar a otra parte lo que se puede obtener, y mejor, en la propia familia. Es necesario cuidarse en lo referente a la fertilidad.

Consejos generales
El hexagrama n.º 37 es más favorable para las mujeres que para los hombres. De todos modos, a unos y a otros se les aconseja comportarse bien y respetar a los otros miembros de la familia o de cualquier grupo. Sólo así puede garantizarse la paz, la tranquilidad y el desarrollo de lo que globalmente interesa.

Significado de cada línea

Nueve al principio
Cualquier tipo de planteamiento debe realizarse desde el comienzo de una situación. En caso contrario, con el paso del tiempo los detectos no pueden ser corregidos. Comportémonos en este sentido ante cualquier tipo de problema que tengamos que afrontar.

Seis en segundo lugar
No es conveniente que vayamos más allá de lo que es estrictamente nues-tro deber, porque cualquier cosa que hiciésemos de más serviría de muy poco. Deberemos proceder de manera que nadie pueda tener nada que decir. Seamos escrupulosos en lo que debemos hacer y no omitamos ningún detalle.

Nueve en tercer lugar
No tengamos debilidades ni con nosotros mismos ni con las personas que nos rodean, si no queremos crearnos problemas de muchos tipos. Si bien la severidad excesiva no es deseable, siempre es mejor que la relajación de las costumbres.

Seis en cuarto lugar
Esta línea indica fortuna si quien la recibe adopta un comportamiento serio y equilibrado. Esto se refiere especialmente a la administración personal y a la de los bienes. Quien depende de otras personas debe actuar correctamente.

Nueve en quinto lugar
Es importante para la realización de aquello que tanto deseamos comportarse como un rey que reina, administra y protege. De esta forma, aquellos que se encuentran en una posición inferior respecto a la nuestra no podrán hacer otra cosa que adherirse a nuestra voluntad.

Nueve arriba
No hay que contentarse analizando las cosas con prisa y de manera superficial. En cambio, es muy importante ser escrupuloso e ir hasta el fondo de los problemas. De esta forma podemos estar seguros de vencer las adversidades.

38. K'UEI
LOS CONTRASTES

SENTENCIA
*La buena fortuna está en las pequeñas
cosas*

IMAGEN
*El fuego está encima, el lago está debajo
El hombre superior mantiene intacta
su individualidad en cualquier
comunidad*

Significado adivinatorio

De acuerdo, no se puede decir que no hayamos hecho lo que debíamos, pero las cosas no pueden salir siempre como nos gustaría, ya que nunca decidimos solos. Y cuando los intereses no coinciden, lo único que se puede hacer es dedicarse a las cosas de cada día, es decir, a las que no requieren grandes cambios. Por otro lado, se trata de aquel tipo de contraposiciones que implican el encuentro con todo aquello que, a pesar de ser muy diferente en esencia, podríamos definir como complementario. Al descubrir la complementariedad entre cosas diferentes, se encuentran maneras de resolver conflictos, incluso de gran envergadura. De esta forma se descubre que no hace falta perder el estilo personal cuando se encuentra algo que posee características de un estilo diferente. Se puede hacer todo y estar en todas partes sin perderse, ya que lo que realmente somos no lo podemos cambiar, y lo que realmente es nuestro no lo po-

demos perder. Cada cosa es parte de un todo, pero el todo no es la simple suma de cada parte. Conviene reflexionar sobre esto para comprender que en cada cosa hay algo bueno, lo único que hay que hacer es descubrirlo.

Aplicación práctica

Amor
Con el hexagrama n.º 38 no se puede presagiar nada bueno. La relación existente funciona bastante mal y casi con toda certeza acabará en ruptura. Las divergencias de carácter, que son el origen de las dificultades, no podrán ser resueltas, ya que ambos componentes de la pareja se mantienen firmes en sus respectivas posiciones. Si se trata de una nueva relación, las estrellas tampoco son favorables.

Trabajo y finanzas
No es un periodo fácil, ni para el trabajo ni para el dinero. Para afrontar la situación hace falta, sobre todo, pa-

ciencia, calma, sentido común y discreción. Tenemos más enemigos de los que creemos, hecho que obviamente no facilita en nada las cosas. Evitemos confidencias y no manifestemos claramente nuestras ideas. Riesgo de ruptura con los socios y en las relaciones generales.

Salud
Tenemos que remediar la situación porque nuestra salud está amenazada por varios problemas. Es probable que estemos actuando de forma desconsiderada y que tratemos nuestro cuerpo como si se tratara de un enemigo. También podría ser que estuviéramos siguiendo un tratamiento adecuado para tratar un determinado problema pero nefasto para otros. Es conveniente realizar una revisión completa de nuestro estado físico general.

Consejos generales
Nos encontramos ante una situación conflictiva que nos está desgastando. En tales momentos lo único que se puede hacer es tener paciencia para afrontar los problemas. Evitemos las alianzas, porque correríamos el peligro de ser atraídos por personas poco adecuadas.

Significado de cada línea

Nueve al principio
En el estado actual de cosas, es inútil querer que las personas vivan en paz sin ningún tipo de conflicto. Tenemos que obrar con cautela y mantenernos firmes en una postura coherente. Todo se arreglará por sí solo y lo que se nos debe llegará sin más problemas.

Nueve en segundo lugar
Por motivos imprevistos podemos llegar a un acuerdo con alguien con quien las relaciones estaban muy deterioradas. No nos echemos atrás aunque nos parezca una situación forzada. A veces el destino tiene estas jugadas.

Seis en tercer lugar
A pesar de que el momento es difícil, por no decir horrendo, con continuos impedimentos, si nos mantenemos firmes en nuestras convicciones y fieles a nuestra personalidad sin alianzas peligrosas, todo se resolverá de la mejor manera posible.

Nueve en cuarto lugar
Cuando se está con compañías poco deseables se tiende a hacer todo tipo de insensateces y a aislarse. Sin embargo, lo que hay que hacer es fijarse atentamente para ver si hay alguien que piensa igual que nosotros o que tiene la misma sensibilidad. En tal caso, la alianza es positiva.

Seis en quinto lugar
Tenemos la vista ofuscada y no logramos distinguir quién o qué cosa nos es favorable. Intentemos fijarnos atentamente y, cuando encontremos la persona o la situación adecuadas, intervengamos para facilitar el acontecimiento positivo.

Nueve arriba
Estamos a oscuras y nos falta una cierta objetividad de criterio. Esto es perjudicial porque corremos el riesgo de inculpar a alguien injustamente. Hemos de tener una mayor predisposición para comprender la realidad y para despejar las dudas que la enturbian.

39. CHIEN
LOS OBSTÁCULOS

SENTENCIA
Graves impedimentos
mejor no moverse
Oportuno es seguir a hombres sensatos
La perseverancia ante las dificultades
es necesaria
IMAGEN
Sobre la montaña se encuentra el agua
imagen de las dificultades
Así la persona sensata
fortalece su propia interioridad

Significado adivinatorio

Por mucho que podamos tener la razón, las cosas parecen indicar lo contrario. De los tres tipos de impedimento que pueden obstaculizar el camino humano, que son el que se deriva de los demás, el que proviene de nosotros mismos y el que se debe a las circunstancias, el último es el más fácil de superar, pero el más difícil de asumir. Siempre es más fácil pensar que son los demás quienes nos hacen las cosas difíciles. Pero no siempre es verdad. Entonces conviene preguntarse si todo lo que se ha hecho es correcto y si no se ha olvidado algo. Este puede ser el momento de dejarse aconsejar por alguien que nos comprenda, aunque pueda parecer que nos disuada de la meta trazada. Pero, dado que lo importante es conservar la dirección adecuada, aunque se tenga que rodear el obstáculo, todo acaba bien y el tiempo perdido habrá sido realmente útil para alcanzar lo que tanto deseamos. Puede ocurrir incluso que para superar el obstáculo se tenga

que tomar una dirección aparentemente opuesta a la de nuestra meta. Pero la persona sensata sabe que aunque tuviera que dar la vuelta a la tierra para llegar al otro lado de la montaña, no estaría mal hecho ni el tiempo estaría mal empleado.

Aplicación práctica

Amor
En primer lugar tenemos que decidir qué es lo que realmente queremos. ¿Estamos seguros de haber encontrado a la persona adecuada? El hexagrama n.º 39 habla de dificultades de varios tipos, no sólo de diferencias de carácter, sino también de circunstancias externas. Es posible que el sentimiento sea sincero pero muy difícil de vivir. Quizás algún amigo podría ayudarnos con su consejo o de algún otro modo.

Trabajo y finanzas
Se requiere mucha prudencia y un periodo de reflexión para ver si lo que es-

tamos haciendo es correcto o no. Dificultades las hay, y bastantes, y la posibilidad de superarlas no depende solamente de nosotros. Será necesario pedir ayuda a una persona muy preparada. Mientras tanto, este periodo negativo en apariencia nos ayudará a fortalecernos interiormente.

Salud
No nos sentimos o no nos sentiremos nada bien porque cada vez que decidimos seguir un tratamiento aparecen problemas de distinto orden que aconsejan el cambio. Y así pasamos de un problema a otro sin encontrar aquella forma física que tanto necesitamos. Hay que tener paciencia. Concedámonos un periodo de reposo y, a ser posible, busquemos un médico muy competente.

Consejos generales
Sea cual sea el problema que tenemos ante nosotros, hay que revisar totalmente nuestro comportamiento. Seguramente nos hemos equivocado en algo, aunque nos cueste admitirlo. Repasemos con atención las metas que nos habíamos propuesto, ya que probablemente estas son superiores a nuestras fuerzas.

Significado de cada línea

Seis al principio
Si nos damos cuenta de que algo no funciona, evitemos cualquier tipo de acción y retirémonos discretamente. No se trata de renunciar a la meta que nos habíamos prefijado, sino solamente de esperar el momento propicio para la acción.

Seis en segundo lugar
Muy probablemente nuestro sentido del deber nos impedirá o nos obligará a hacer algo. Si bien esto puede resultar difícil para nosotros mismos, puede ser necesario para el interés general. La recompensa será la tranquilidad de nuestra conciencia.

Nueve en tercer lugar
No pensemos sólo en nosotros mismos y no nos empeñemos en seguir la línea que nos habíamos trazado aunque conlleve problemas diversos. También debemos pensar en los demás, y en este momento una acción peligrosa sería perjudicial para todos.

Seis en cuarto lugar
No cedamos al impulso de actuar solos porque no tenemos fuerza suficiente. Es mucho mejor detenerse o incluso retroceder. Entretanto podemos buscar a las personas adecuadas para apoyarnos en circunstancias similares.

Nueve en quinto lugar
No hay que tener miedo. Tenemos la fuerza suficiente para combatir a los posibles adversarios o las dificultades del momento. Sin contar que muchas personas están dispuestas a ayudarnos, a actuar conjuntamente con nosotros y a seguir nuestras ideas.

Seis arriba
Si fuera sólo por nosotros o por nuestras necesidades, podríamos quedarnos tan tranquilos al margen de los hechos. Sin embargo, hace falta para fines superiores que aportemos nuestra iluminada contribución a una situación determinada. Seremos recompensados.

40. HSIEH
LA LIBERACIÓN

SENTENCIA
Propicio es tener a dónde ir
Propicio es volver sobre los propios pasos
Quien tiene un objetivo debe apresurarse

IMAGEN
Truenos y lluvia
conducen a la liberación
Así el noble perdona las culpas
y olvida los errores

Significado adivinatorio

Finalmente las cosas están tomando el rumbo adecuado, y la energía que se había acumulado y que obstaculizaba nuestro camino está a punto de encontrar la vía de escape. Las dificultades que se cruzaban en nuestro camino ahora ya están solventadas y, aunque todavía no nos sintamos con fuerzas para seguir, el camino ya está despejado. Podemos abandonar la actitud belicosa, podemos volver a las ocupaciones de cada día, como un campesino que ha sido llamado a filas, ha combatido y, una vez ganada la guerra, vuelve a su arado y a sus tareas. Es el momento de hacer las paces con nosotros mismos y de quitarnos de encima las implicaciones que nos han retenido en cuestiones que podían ser importantes sólo para quien les atribuía importancia. En realidad, se trataba de afrontar dificultades de distintos tipos, mientras que hoy se trata de mirar las cosas con honestidad y con la certeza de que lo que nos ha estado entreteniendo ahora nos deja libres.

Al igual que la persona que se ha esforzado mucho en olvidar algo que quería con todo corazón, nosotros somos ahora capaces de redescubrir el placer de las cosas que creíamos perdidas, o la sensación de libertad que se siente al estar por encima de las cosas cuando se comprende que no tenían tanta importancia como les habíamos dado.

Aplicación práctica

Amor
Todas las relaciones se ven favorecidas porque las dificultades que nos angustiaban están desapareciendo. Muy probablemente se tratará de un cambio positivo, tanto si decidimos cortar una relación para cambiar de pareja, como si queremos mantener la relación. En este último caso hay que ser muy comprensivos, especialmente si los problemas han surgido

de pequeñas debilidades de uno de los dos.

Trabajo y finanzas

Podrán producirse cambios negativos que nos quitarán un peso de encima. Podrá tratarse de desplazamientos por motivos laborales o incluso de un cambio de actividad. En cualquier caso los problemas que nos afectaban desaparecerán y experimentaremos una sensación de libertad. Esto nos permitirá comportarnos con serenidad y moderación.

Salud

Estamos entrando en un periodo muy favorable en lo que se refiere a nuestro estado físico. No obstante, también es importante cuidar la parte espiritual de nuestro ser, porque de esta forma el bienestar será total.

Consejos generales

Hay que estar dispuestos a tomar decisiones para poner fin a un estado de cosas un poco alterado. Quizá habrá que poner una piedra sobre errores verdaderos o presuntos que nos han estado amargando. De esta manera podremos volver a tomar las riendas de nuestra propia vida y dar un giro decisivo a nuestros propósitos.

Significado de cada línea

Seis al principio
Finalmente las dificultades han desaparecido y estamos recuperando toda la energía psicofísica. Con esto no hace falta decir mucho más. Seamos conscientes de la situación y mantengamos una actitud reservada.

Nueve en segundo lugar
Nuestro deseo de llegar a una situación tranquila finalmente puede verse cumplido si nos comportamos con sensatez y nos proponemos objetivos claros. De esta forma podremos vencer sin demasiado esfuerzo a los posibles oponentes.

Seis en tercer lugar
Aunque hayamos alcanzado el fin que nos habíamos propuesto, esto no significa que tengamos que presumir más de lo necesario o adoptar actitudes poco equilibradas. Lo único que lograríamos sería provocar la reacción de quien desea perjudicarnos.

Nueve en cuarto lugar
Nos hemos dejado enredar por situaciones o amistades que no van con nuestra forma de ser y que no nos honran. Si no damos un giro enérgico a esta situación corremos el peligro de que las personas competentes y que nos pueden ayudar se alejen de nosotros.

Seis en quinto lugar
Tenemos que encontrar el modo de separarnos de alguien o de algo que se está mostrando bastante negativo. Esto no resultará nada fácil, pero debemos actuar con determinación y claridad de ideas para conseguirlo.

Seis arriba
Hemos de tener la valentía de abatir las dificultades que se interponen entre nosotros y nuestros deseos. Estas dificultades pueden presentarse en forma de personas o de situaciones que se deben superar. Lo único que hay que hacer es esperar el momento oportuno.

111

41. SUN
LA DISMINUCIÓN

SENTENCIA
Quien afronta la pérdida con serenidad
reencontrará la fuerza interior
para una nueva iniciativa

IMAGEN
El lago está al pie de la montaña
El hombre superior controla
la ira y los instintos

Significado adivinatorio

A veces no tener la plenitud de las posibilidades personales es la vía mejor para alcanzar los objetivos propuestos. Así como el color de ciertas flores no atrae la atención y gracias a ello no son arrancadas, en determinados momentos de la vida hay que sacar partido de una carencia en lugar de hacerlo de un exceso. «Carencia» se entiende en el sentido de no plantearse el problema de colocarse una meta, sino de ir, por decirlo de algún modo, más allá de uno mismo y de las contingencias. Así nos podemos adaptar a cada circunstancia, podemos estar en cualquier parte sin por esto sentirnos implicados. Podemos afrontar cualquier cosa sabiendo que lo que nos falta forma parte de nosotros y no representa una privación que nos haga parecer incapaces de algo. No hay ninguna necesidad de disfrazar esta actitud con palabras o actos destinados a esconder nuestros sentimientos. No tenemos nada que perder siendo honestos, al igual que siendo moderados no cometeremos errores en las cosas que nos atañen y podremos relacionarnos con cualquiera. Con este comportamiento, consistente en saber aprovechar un momento de limitación como efecto de la esencia más íntima de las cosas, lo que se limita de este modo nos da lo que realmente nos falta y que quizá desconocemos. Así, quien no daba por miedo a quedarse pobre, al dar descubre que lo que le faltaba no era dinero sino el amor de los demás.

Aplicación práctica

Amor
Con el hexagrama n.º 41 se prevén separaciones y desilusiones. Una ruptura es segura; la reanudación de una relación puede estar determinada por las líneas móviles si este hexagrama sale primero. De todos modos, los sentimientos se están debilitando y difícilmente pueden volver a ser gratificantes como antes. Hay que aceptar la situación y esperar tiempos mejores.

Trabajo y finanzas

Los tiempos son difíciles. No hay que tener pretensiones. Ahora es inútil buscar cambios para mejorar porque no lograríamos gran cosa. Sin embargo, no significa que esto tenga que durar eternamente. Es más, precisamente la aceptación de la disminución nos permitirá recobrar el aliento y tener nuevas posibilidades de mejorar en un futuro.

Salud

Periodo de crisis psicofísica. Todo nos cansa y no conseguimos sentir entusiasmo por nada. Probablemente hemos abusado demasiado de la salud y ahora el cuerpo nos pasa factura. No se trata de nada grave pero hay que remediarlo antes de que los problemas se acentúen. Con un buen tratamiento reconstituyente y un periodo de reposo, volveremos a estar en forma.

Consejos generales

Debemos mantener la calma en cualquier situación comprometida en la que nos encontremos. Además, tendremos que aceptar sin lamentaciones un periodo de renuncias, de pequeñeces y de restricciones. De esta aceptación podrán nacer las bases para una recuperación total. También es necesario que estudiemos algunas modificaciones para llevar una vida más sana.

Significado de cada línea

Nueve al principio

Sólo tenemos que estar dispuestos a ayudar a los demás si somos capaces de asumir el peso que esto comporta. Del mismo modo, aceptemos la ayuda de los demás sólo si esto no les perjudica. En cualquier caso, tenemos que ser siempre muy atentos y delicados con el prójimo.

Nueve en segundo lugar

No renunciemos nunca a nuestra personalidad y a nuestros principios, incluso cuando nos encontremos ante alguien que nos supere. Cualquier otra conducta resultaría muy perjudicial.

Seis en tercer lugar

Mejor solos que mal acompañados. Siempre existe la posibilidad de encontrar una persona mejor. En cualquier caso, hay que evitar las situaciones de celos que pueden nacer cuando dos personas van por el mismo camino. Seamos prudentes.

Seis en cuarto lugar

En las relaciones interpersonales hay que fijarse no sólo en el comportamiento de los demás, sino que también se debe tener un criterio objetivo hacia nosotros mismos. Esto conduce a la corrección de los defectos y a una mayor comprensión por parte del prójimo.

Seis en quinto lugar

Si nuestro destino incluye un poco de fortuna, este es el momento en que nos puede sonreír. Entonces, estemos tranquilos porque todo lo que deseamos seguramente se producirá. Todos los pronósticos son óptimos.

Nueve arriba

No tenemos que trabajar o actuar exclusivamente según nuestro interés personal. Para que podamos tener fortuna es necesario que no pensemos solamente en nosotros mismos en cada momento. También hay que procurar no perjudicar a nadie con nuestras acciones.

42. I
EL CRECIMIENTO

SENTENCIA
Propicio es tomar iniciativas
Propicio es dar el gran paso

IMAGEN
Viento y trueno:
imagen del crecimiento
El hombre superior corrige sus propios
errores e imita el bien

Significado adivinatorio

Este signo es aparentemente el contrario del precedente, ya que aquí se dice que ha llegado el momento de crecer, de enriquecerse, de adoptar una posición consistente en hacerse valer. Ahora bien, desde el punto de vista del *I Ching*, el verdadero valor es el que nace de la relación de cada ser dentro del conjunto de todas las cosas. Esto significa que son las cosas las que se sirven de nosotros para poder ser realizadas y que, por lo tanto, nosotros nos realizamos siguiendo el ritmo de todas las cosas. Por ejemplo, hemos de saber cómo adaptarnos al hecho de que las cosas pueden ir mejor de lo que nosotros mismos esperábamos, ya que a veces nuestra visión está limitada y consideramos que lo que pensamos es bueno para nosotros cuando en realidad quizá no lo sea. Al mismo tiempo, por poner un ejemplo, hay que ser como un general que, a pesar de mandar sobre las tropas, sabe compartir la vida con estas en cualquier circunstancia. De esta forma, el general gana la guerra sin perder a sus soldados. En un momento como este, sabemos estar al mando de las empresas y, al mismo tiempo, estar entre los demás, de modo que la gente que nos encontramos nos es fiel igual que los que están bajo nuestras órdenes.

Aplicación práctica

Amor
Si se obtiene el hexagrama n.º 42 como respuesta a una pregunta referente a asuntos amorosos podemos estar seguros de que al principio todo funcionará perfectamente. Pero existe el riesgo de perder a la persona amada si no se hace el esfuerzo de comprender hasta el fondo sus exigencias. Para lograrlo, ante todo hay que reflexionar sobre nuestro propio carácter y sobre la posibilidad de una verdadera unión.

Trabajo y finanzas
En este apartado también se prevén momentos de fortuna que hay que atrapar

al vuelo. Puede tratarse de ofertas que nos serán propuestas una sola vez pero que, si no reaccionamos con rapidez, correremos el riesgo de no volver a tener una oportunidad tan favorable. También es conveniente aliarse con alguien que nos pueda dar buenos consejos, quizás en previsión de tiempos de menos abundancia. Miremos las cosas a largo plazo.

Consejos generales
Precisamente porque el periodo es muy favorable, debemos ser responsables y construir nuestra vida con solidez. De esta forma sentamos las bases para afrontar épocas de vacas flacas o momentos de euforia. No dejemos de examinar nuestra conciencia para corregir las posibles malas costumbres.

Significado de cada línea

Nueve al principio
Podemos actuar con seguridad porque el periodo es muy favorable para cualquier tipo de acción y para tomar partido por algo. Si se presenta el caso, aceptemos el apoyo o la ayuda de alguien sin, por otro lado, esperar demasiado de él.

Seis en segundo lugar
El destino nos depara grandes cosas, pero para poder aprovecharlas hay que comportarse con amor y con mucha comprensión hacia todos. No seamos egoístas y nuestra conducta será premiada.

Seis en tercer lugar
Tenemos que ser fieles a nosotros mismos con un comportamiento sensato y nunca incorrecto bajo ningún pretexto. Así, aunque aparezcan adversidades, podremos seguir rectos por nuestro camino y más tarde recoger el fruto del éxito que merecemos.

Seis en cuarto lugar
Debemos estar dispuestos a servir de mediadores en una situación un poco difícil. Del mismo modo, busquemos a alguien que haga lo mismo entre nosotros y otra persona con la que tengamos problemas. Será positivo para todos.

Nueve en quinto lugar
Nuestro comportamiento bondadoso tiene que ser consecuencia de una exigencia interior real, sin la cual los resultados serán estériles. Si ayudamos a los demás sin segundas intenciones y sin intereses personales, nuestro comportamiento positivo será reconocido por todo el mundo.

Nueve arriba
No seamos impulsivos; tenemos que aplicar la máxima de Confucio: «Serenarse antes de ponerse en movimiento, recogerse dentro de uno mismo antes de hablar, consolidar las relaciones antes de pedir». Con tal comportamiento nadie nos podrá hacer daño.

43. KUAI
EL EXCESO

SENTENCIA
Es necesario informar aunque haya peligro
Propicia es la verdad
Propicio es actuar sin herir

IMAGEN
El lago es empujado hacia el cielo
El hombre superior da a los subalternos
y no se cansa de ejercer su virtud

Significado adivinatorio

Incluso los mejores vestidos dan trapos. Esto significa que, después de tanto esfuerzo, ha llegado el momento de tomar el timón y decidir el rumbo. Cuando un barco hace un giro, no debe haber dudas sobre la dirección a seguir y el gesto pensado mucho tiempo se transforma en un acto instantáneo. De igual modo nosotros debemos ser capaces de reflexionar lo necesario sobre nuestra situación para luego tomar una decisión. Una vez tomada, lo más importante ya está hecho. Pero es importante recordar que no debemos trazarnos metas superiores a las propias posibilidades, que tenemos que profundizar hasta donde haga falta sobre aspectos que pueden resultar desagradables y, finalmente, que debemos ponderar las cosas con calma y con vistas al futuro. Igualmente es inútil encarnizarse contra los defectos de uno mismo porque a veces el peor defecto, si se toma de la manera adecuada, puede convertirse en una espléndida virtud. Por otro lado, es inútil intentar hacer un vestido aprovechando trapos; mejor pensar en cómo confeccionar otro, pensado para las nuevas circunstancias que se presentarán cuando hayamos tomado las decisiones que nos esperan.

Aplicación práctica

Amor
La relación que estamos viviendo sólo nos procura tensiones y angustias. Es inútil proseguir de esta manera porque tenemos derecho a un mínimo de tranquilidad. La pasión, por muy grande que pueda ser, no debe ofuscar nuestro sentido común. Demos un corte limpio y decidido si queremos apropiarnos de nuevo de nuestra vida.

Trabajo y finanzas
Si trabajamos en sociedad conviene que recuperemos el protagonismo y que actuemos solos. Este es el único modo de que los asuntos recuperen el empuje inicial. Quizá tengamos la suerte de realizar un viaje que nos resulte de

ayuda. En cualquier caso, es necesario imprimir un giro decidido.

Salud
Vamos por el camino equivocado. Muy probablemente exageramos con las medicinas o, por el contrario, las rechazamos, o quizá también puede ser que estemos en manos de un médico que no ha entendido totalmente nuestros problemas. En un caso o en el otro, ha llegado el momento de tomar las riendas de la situación si queremos evitar que los problemas se acentúen.

Consejos generales
Sea cual sea la pregunta que hayamos formulado al *I Ching*, el consejo es hacer borrón y cuenta nueva de todos los problemas, aunque esto nos cueste algún sacrificio. Por otra parte, cabe decir que si sacáramos a relucir plenamente nuestras cualidades, conseguiríamos solucionar los problemas sin demasiados sufrimientos.

Significado de cada línea

Nueve al principio
No seamos temerarios en ninguna circunstancia. En este momento tenemos que dosificar nuestras fuerzas y actuar solamente cuando estemos seguros de que los movimientos van encaminados directamente hacia la consecución de nuestros objetivos. Cualquier otra conducta sería perjudicial.

Nueve en segundo lugar
Debemos mantener la calma y la frialdad ante el peligro, incluso cuando este todavía no se ha mostrado. La tranquilidad es necesaria, aunque no se deben infravalorar las fuerzas negativas. Estemos siempre alerta, y seamos conscientes de nuestras propias fuerzas.

Nueve en tercer lugar
Nuestra buena fe no será reconocida fácilmente, ya que solamente se verá la parte exterior de nuestro comportamiento. En realidad estamos obligados a fingir que aceptamos a personas o situaciones negativas que interiormente rechazamos.

Nueve en cuarto lugar
Estamos animados por una terquedad digna de otras circunstancias muy distintas. Sería mucho mejor dejar que las cosas siguieran su propio camino sin intervenir, pero difícilmente seguiremos este consejo, por lo cual deberemos soportar las consecuencias.

Nueve en quinto lugar
No debemos darnos por vencidos, continuemos fieles a nuestras ideas sin dejarnos disuadir por nada ni por nadie. A la larga, conscientes de la fuerza de nuestras razones, venceremos las dificultades y los posibles enemigos.

Seis arriba
No seamos negligentes, no creamos tener la victoria en la mano, tanto si se trata de algo referente a los demás o que nos concierne a nosotros mismos. Cuidemos la base de lo que tanto deseamos y destruyamos todos los defectos que debilitan nuestra personalidad. Corremos el riesgo de que crezca la mala hierba.

44. KOU
EL ENCUENTRO

SENTENCIA
Encontrarse con una chica de carácter
desfavorable es la asociación

IMAGEN
El viento sopla bajo el cielo
como el príncipe distribuye por su reino
las órdenes que dicta

Significado adivinatorio

Cuando las cosas se han expansionado, es un periodo en que todo se encuentra, las cosas buenas que deben ser propiciadas, y las malas que deben ser combatidas. Cuando los acontecimientos nos obligan a encontrar en nuestro camino algo que debe ser combatido, debemos intervenir en el momento preciso para evitar que lo que debe ser combatido adquiera una fuerza superior a la que tendría si se actúa rápidamente con rectitud y claridad. Además, si se deja de lado lo que puede ser nocivo, puede resultar útil si, afrontándolo desde el inicio, puede ayudarnos a aclarar nuestra posición personal. Del mismo modo, cuando las cosas o las personas que pueden sernos útiles se acogen con rapidez, la persona que se encuentra en la circunstancia descrita por este hexagrama puede expresarse con más fuerza y más claridad en cualquier situación. A veces se tropieza con casos frente a los cuales no se sabe cómo decidirse; entonces es importante estar convencido de la honestidad de uno mismo. Esta es la forma de que lo que nos encontramos no nos perjudique.

Aplicación práctica

Amor
Inicio ardiente pero de difícil continuación. Lo que nos une a la otra persona es una sexualidad sin complejos, pero la diferencia de caracteres debilita los cimientos de la relación. Por lo tanto, aunque se llegue al matrimonio o a la convivencia, se corre el riesgo de acabar pronto con un divorcio o con una gran pelea. Ante es preferible hacer lo posible para echarse atrás.

Trabajo y finanzas
Evitemos las asociaciones y seamos muy prudentes a la hora de aceptar alguna propuesta. Bajo una aparente amabilidad se esconde una fuerza prevaricadora que nos traería mala fortuna. Sin embargo, si entendemos el estado

de las cosas y logramos mantenernos al margen, incluso podríamos tener la oportunidad de hacer valer nuestra voz.

Salud
Este hexagrama no destaca ningún aspecto importante referente a la salud. Cabe decir que hay que controlar la sexualidad y evitar los excesos. También se puede citar una posible depresión que nos podría dejar en condiciones de inferioridad respecto a las personas con quienes tenemos que relacionarnos o con los superiores en general.

Consejos generales
La persona que obtiene como respuesta el hexagrama n.º 44 debe hacer un análisis detenido de la situación y proyectarla en el futuro. Difícilmente la respuesta es positiva. También debe tener presente que todo lo que hace referencia a lo femenino, en las personas y en las cosas, no es favorable.

Significado de cada línea

Seis al principio
No dejemos que pequeñas pasividades se infiltren en nuestra vida, si no queremos que pasen a ser más importantes sin casi darnos cuenta. Si esto ocurre, no tendríamos la posibilidad de remediarlo y nos veríamos obligados a soportar las consecuencias.

Nueve en segundo lugar
Procuremos que situaciones o personas no se interfieran las unas con las otras porque nos veríamos perjudicados por las habladurías. Mantengamos cada cual en su lugar e intentemos controlarlo todo en función de nuestro interés.

Nueve en tercer lugar
Hay situaciones que, sólo con aproximarse a ellas, se corre el riesgo de verse involucrado en grandes problemas. Y, sin embargo, es lo que estamos a punto de hacer. No obstante, no nos será posible intervenir, hecho que será positivo para nosotros. Seamos conscientes de este peligro.

Nueve en cuarto lugar
Procuremos congeniar con personas por quienes no tenemos una gran estima porque, en algún momento, nos podrían ayudar. A veces, ciertos comportamientos considerados deletéreos pueden resultar aceptables en algunos casos.

Nueve en quinto lugar
Cuando menos lo esperamos, la buena fortuna nos aplana el camino hacia la meta. Pensemos también en quien depende de nosotros, y no descuidemos su bienestar. Seremos recompensados.

Nueve arriba
Alguien formulará objeciones sobre nuestro comportamiento, caracterizado por el aislamiento. No le hagamos caso y continuemos tal como nos sugiera la intuición. Frecuentemos solamente personas afines en cuanto a estilo de vida.

45. TS'UI
LA REUNIÓN

SENTENCIA
Reunirse da buenos resultados
Propicia es la perseverancia
Propicia es la iniciativa
Es necesario ofrecer un sacrificio

IMAGEN
El lago está sobre la tierra
El hombre sabio renueva las armas
para afrontar lo imprevisto

Significado adivinatorio

Cuando al expansionarse las cosas han llegado a sus límites naturales, ya se han determinado las condiciones que establecen los comportamientos, las responsabilidades y las funciones que deben ser respetadas para que se puedan cumplir las expectativas de todos los seres. Esto significa que se ha llevado a cabo un gran trabajo, que se ha elegido el buen camino y que ahora cada cual tiene que seguir con sus ocupaciones, sin forzar la voluntad de los demás y recogiéndose en sí mismo. Esta es la única forma de que cada uno esté protegido de los imprevistos, la única forma de que haya una correspondencia real con el orden de las cosas que se ha seguido con fidelidad hasta ahora y que hace falta mantener uniendo seriedad y dedicación, altruismo e inteligencia, disponibilidad y racionalidad. En cualquier momento el destino de los hombres puede sufrir un cambio. Hay que saber afrontar este cambio con ductilidad y, al mismo tiempo, sin olvidar las obligaciones morales. Así se está en el lugar que a uno le corresponde, y desde allí todo lo que se lleva a cabo es correcto y positivo.

Aplicación práctica

Amor
Tenemos que aprender a no tener sólo en cuenta la faceta íntima de la persona amada, sino también su faceta social. Esto nos permitirá tener las ideas más claras acerca de la posibilidad de contraer matrimonio. De todos modos, surgirá alguna situación imprevista y debemos tener la suficiente sensatez para que no nos trastornen las tensiones que se crearán.

Trabajo y finanzas
Muy probablemente tendremos nuevos ofrecimientos o propuestas de cambio. En líneas generales habrá que aceptarlas, especialmente si de ellas se deriva un aumento del círculo de rela-

ciones sociales. El hexagrama es positivo, pero se aconseja estar preparado para afrontar algún imprevisto causado por disputas con los socios. Por lo tanto, no debemos bajar nunca la guardia.

Salud
Ha llegado el momento de pensar en nuestra salud y de seguir los tratamientos más apropiados para nuestro estado físico. Nos podría convenir alguna terapia de grupo, que ayuda a seguir mejor las curas. En primer lugar, hay que inscribirse en un gimnasio y empezar a hacer algo de deporte, aunque nos cueste un gran esfuerzo. En segundo lugar, se tiene que seguir una dieta estricta bajo control médico.

Consejos generales
Aunque las circunstancias son tranquilas, aunque el camino que seguimos no presenta grandes dificultades, hemos de tener presente que puede ocurrir algo inesperado. Estemos siempre preparados para afrontar esta eventualidad afilando todas las armas que tengamos a disposición. Esto nos proporcionará tranquilidad interior y exterior.

Significado de cada línea

Seis al principio
No logramos deshacernos de las muchas personas que están a nuestro alrededor y seguir una línea de conducta precisa. Cuando veamos que ya no podemos salir adelante, confiémonos a la persona que amamos o a alguien por quien sentimos una gran estimación.

Seis en segundo lugar
Dejemos que los acontecimientos y los encuentros sigan su propio camino, que en este momento para nosotros será más que correcto. Aunque nos cueste un pequeño sacrificio, no nos opongamos al ritmo natural de los acontecimientos.

Seis en tercer lugar
No intentemos penetrar de forma rápida en una situación o un ambiente que ya está ocupado por muchas personas porque nos quedaríamos aislados. Procuremos más bien relacionarnos con quien tiene peso y poder, aunque esto nos dé apuro.

Nueve en cuarto lugar
Procuremos rodearnos de personas que tengan los mismos objetivos que nosotros y trabajemos con ellas para alcanzar un fin común. Así será fácil lograr lo que se desea sin contrapartidas.

Nueve en quinto lugar
Muchos de los que están a nuestro alrededor no confían totalmente en nosotros o, por lo menos, no están plenamente de acuerdo con nosotros. Tendremos que comportarnos con respeto y disponibilidad y, poco a poco, nos iremos ganando su confianza y acabarán apoyándonos.

Seis arriba
Momento desagradable porque nuestras buenas intenciones y nuestro deseo de unión no sólo no son comprendidos, sino que además pueden ser ridiculizados. Será el dolor que demostraremos lo que hará cambiar la situación.

46. SHÊNG
EL ASCENSO

SENTENCIA
El ascenso desde las privaciones es un éxito
Es necesario ver al gran hombre sin temores
Hay que ponerse manos a la obra

IMAGEN
La madera nace dentro de la tierra
El hombre sensato acumulando pequeñas
cosas se eleva y adquiere méritos

Significado adivinatorio

Dado que nos encontramos en un puesto de gran responsabilidad, cada movimiento requiere un gran trabajo, hecho de voluntad, seriedad y dedicación. Esto no debe hacernos pensar que las cosas no vayan a ir a mejor, ni que lo que debemos afrontar sea superior a nuestras fuerzas. Simplemente tenemos que ir hacia delante y nuestros actos estarán coronados por el éxito. Todas las cosas, hasta la más pequeña, siguen este destino y el trabajo realizado durante este periodo con toda seguridad será premiado. Ascender también significa subir a un plano desde el cual las cosas pueden ser vistas en toda su complejidad y con una visión de conjunto, de forma que se conocen al detalle las relaciones existentes entre las cosas que deseamos. Aquí tampoco debemos temer lo que se nos presenta con claridad porque la verdad de las cosas no debe alarmarnos, sino activar nuestros esfuerzos para crear las mejores condiciones y,

de esta manera, poder remediar los errores del pasado.

Aplicación práctica

Amor
Lo que sentimos por otra persona, y lo que esta siente por nosotros, poco a poco se va consolidando, pero requiere algún tiempo antes de asentarse totalmente. Por lo tanto, no perdamos el ánimo y no dejemos nada por intentar con vistas a consolidar la relación. Busquemos la forma de hacer algo conjuntamente.

Trabajo y finanzas
El periodo es más que bueno, pero es necesario continuar o empezar a trabajar sin descanso. Podría ser muy favorable un cambio, o también un desplazamiento, para encontrar alguien que nos pueda ayudar. Debemos aceptar nuevas responsabilidades, no cedamos ante ningún esfuerzo y progresivamente lograremos obtener lo que deseamos.

Salud
La tendencia general anuncia una mejora. Sin embargo, existen algunas molestias o problemas que requieren un remedio radical. Subvalorarlos podría acarrear complicaciones mucho más graves y de difícil curación. Si algo nos preocupa, ¿por qué no efectuamos una revisión médica exhaustiva, en la que se incluyan radiografías o hasta una Tomografía Axial Computarizada?

Consejos generales
No tengamos prisa en la obtención de aquello que deseamos. Y tampoco nos durmamos en los laureles. El hexagrama n.º 46 exige un esfuerzo constante para lograr el éxito, acumulando cada vez experiencias y pequeños éxitos, hasta crear una base fuerte e inexpugnable.

Significado de cada línea

Seis al principio
Las perspectivas para la acción son excelentes porque contamos con la aprobación de las personas que nos rodean y de aquellas con quienes deseamos contactar. Debemos movernos en la dirección deseada, con buen hacer y humildad. La afinidad con quien está arriba es la base del éxito.

Nueve en segundo lugar
Tenemos seguridad en nosotros mismos y en las cosas en las que creemos, y la fortuna nos sonreirá. Lo importante en nuestras tentativas, más que la forma, es la sinceridad. Y si además conseguimos ser amables, los resultados sólo pueden ser positivos.

Nueve en tercer lugar
Los obstáculos que hemos encontrado en el camino han podido ser eliminados, y ahora ya estamos alcanzando la meta fijada. Pero, ¿es esta la meta deseada, o tan sólo se trata de una ilusión? No perdamos tiempo y saquemos partido de lo que hemos conquistado.

Seis en cuarto lugar
Éxito brillante y duradero. Obtendremos lo que deseamos con el favor del tiempo y de la gente, en especial de una persona que nos ha permitido acceder en un ambiente particular.

Seis en quinto lugar
Continuamos, lentos y constantes, hacia lo que nos hemos fijado como meta. Aunque el éxito ya está de nuestro lado, no nos mostremos orgullosos ni nos dejemos llevar por el entusiasmo. Correríamos el peligro de saltarnos alguna fase y arruinar todo lo hecho hasta ahora.

Seis arriba
No dejemos que las ambiciones nos cieguen. La vida debe vivirse participando de cada momento, y cada peldaño debe subirse con calma, responsabilidad y coherencia. De no ser así, podemos equivocarnos y confundir las metas.

47. K'UN
EL AGOTAMIENTO

SENTENCIA
Cansancio y adversidad
pero triunfo con la peseverancia
Si se es grande se obtiene el triunfo
Por ahora no se debe hablar
IMAGEN
El lago carece de agua
imagen del agotamiento
El ser superior pone en juego la vida
para mantenerse fiel a sí mismo

Significado adivinatorio

Es un momento en el cual la reflexión más penetrante puede entrañar dificultades, porque por un lado las conclusiones que saquemos pueden ser muy distintas a las que esperamos y, además, pueden ser difíciles de comprender. Entonces, en lugar de que dicha falta de comprensión nos venza, debemos ser capaces de dedicar todo nuestro ser para alcanzarla. Por otro lado, es obvio que cuando se es el único que ve con claridad las cosas, no se puede pretender un apoyo que permita alcanzar el dominio de las circunstancias. Por lo tanto, conviene basarse exclusivamente en la propia visión de las cosas, sin miedo a que este planteamiento nos impida encontrar, con el paso del tiempo, el compañero que nos apoye y lo comparta con nosotros. También es un momento en que muchas cosas pueden ponerse en tela de juicio, y esto es a todas luces positivo porque las pruebas que tenemos que superar consolidan nuestra naturaleza genuina y nos dan una visión de las cosas cada vez más próxima a la realidad.

Aplicación práctica

Amor
Se está llegando al término de un amor o de una relación sentimental. Antes el sentimiento estaba vivo, pero ahora ha perdido su fuerza y ya no tiene ninguna razón de ser. Aunque no seamos nosotros mismos quienes modifiquemos la situación, el destino se encargará un poco cada día de que la relación llegue a su conclusión. Si la relación propiamente dicha todavía no se ha producido, no llegará a iniciarse.

Trabajo y finanzas
Periodo muy difícil porque falta el entusiasmo y la capacidad, momentánea, de dar un empuje positivo a la actividad. Lo único que podemos hacer es mantener la coherencia hasta que el periodo negativo haya pasado. En cambio, si dejamos que las dificultades nos afecten y perdemos

de vista la rectitud moral, difícilmente volveremos a salir a flote.

Salud
A pesar de no tener grandes problemas, este es un periodo caracterizado por una total carencia de fuerzas. Probablemente hemos realizado una actividad desmesurada, o bien no hemos cuidado convenientemente nuestro cuerpo. Ahora bien, si no queremos hundirnos por completo, tenemos que seguir urgentemente tratamientos psicofísicos que ante todo nos hagan recobrar la alegría de vivir.

Consejos generales
El hexagrama n.º 47 no es un hexagrama muy tranquilizador. Pero hay que saber que la vida también está hecha de momentos como este, del mismo modo que las olas no siempre son altas, ni las estaciones del año no son sólo primavera y verano. Por lo tanto, la persona sensata permanecerá anclada sólidamente en sus puntos fijos.

Significado de cada línea

Seis al principio
Tenemos que sobreponernos al sentimiento de impotencia que experimentamos ante las situaciones negativas. Aunque en el momento actual no hay mucho que hacer para superarlas, es muy importante no perder la confianza y mirar hacia el futuro.

Nueve en segundo lugar
Es tanta la preocupación que nos invade, que ni tan siquiera tomamos en consideración el hecho de que, a fin de cuentas, tenemos lo que necesitamos. Lo único que todavía nos queda por buscar es la profundidad de reflexión que quizá nos falta. Ayuda por parte de otra persona.

Seis en tercer lugar
No sabemos qué hacer, vamos hacia delante y hacia atrás sin referencias precisas y apoyándonos en cosas poco sólidas. Si continuamos así no haremos más que agravar nuestra situación porque damos importancia a cosas inexistentes. Seamos más sensatos.

Nueve en cuarto lugar
Nos estamos moviendo con un exceso de circunspección, y en circunstancias como las actuales hay alguien que se aprovecha y nos da disgustos. Pero nuestra fuerza interior nos hará reaccionar y remediar el error cometido, y ello nos permitirá alcanzar la meta prefijada.

Nueve en quinto lugar
No encontramos la ayuda de nadie, ni tan siquiera de quien tendría la obligación de hacerlo, y esto hace que nos dejemos vencer por el desconsuelo. Debemos recogernos en nosotros mismos, tener paciencia y realizar pequeños sacrificios. Las cosas mejorarán poco a poco.

Seis arriba
A pesar de que las adversidades no son tan graves ni tan difíciles de superar, nos cuesta hacerlo porque tememos caer en otros errores. Cuando hayamos analizado la situación globalmente nos daremos cuenta de que podemos actuar.

48. CHING
EL POZO

SENTENCIA
Se puede cambiar de ciudad
pero no se puede cambiar el pozo
La gente saca agua yendo y viniendo
Si no se llega al fondo del pozo
o el cántaro se rompe esto no está bien
IMAGEN
El agua está encima de la madera
Así el hombre superior
espolea a la gente en el trabajo
y les exhorta a la ayuda recíproca

Significado adivinatorio

En cada persona y en cada situación la estructura está determinada por relaciones fijas e inmutables. Cambiando estas relaciones, también cambian la situación o la persona. Se trata de una referencia a lo que caracteriza la posición del hombre o de la sociedad en relación a las necesidades más profundas. En cada persona esta estructura es reconocible, al igual que en cada situación se puede identificar lo que la mantiene como tal, es decir, como fruto de la propia estructura. Esto no se puede cambiar. Hay que darse cuenta de que, precisamente a través de una determinada estructura, por mucho que a veces pueda parecernos un límite a nuestra libertad de expresión, la libertad puede realizarse en la realidad. En efecto, no hay libertad sin regla, ya que la regla, o sea la estructura de las cosas, es lo que permite que la libertad pueda expresarse como posibilidad de liberarse de su propia estructura. Quien comprende que lo que en principio parece limitar, en realidad está al servicio de la propia liberación, sabe afrontar el camino hacia la liberación personal junto a los que, a pesar de presentarse como responsables de estos límites, también son los compañeros de camino más adecuados para liberarnos.

Aplicación práctica

Amor
Se trata de sentimientos profundos que tienen dificultades para salir a la luz. Con toda probabilidad deben ser tratados con amabilidad y prudencia, para evitar que cualquier pequeño error pueda truncarlos desde su nacimiento. Se ven favorecidas las relaciones en las que uno casi desempeña la función de maestro del otro. Tales relaciones deberán ser mantenidas en secreto. Más tarde podrán salir a la superficie.

Trabajo y finanzas
Busquemos en nuestro interior la capacidad de hacer mejorar los asuntos refe-

rentes a este ámbito. En general, nuestra forma de ser está orientada a la vida espiritual, y encontramos dificultades en la vida práctica. Por esta razón corremos el peligro de realizar algún movimiento erróneo que nos haría desaprovechar nuestra gran riqueza interior. Hay que aprender paso a paso cómo actuar de la mejor manera.

Salud
Tenemos capacidad de reflexión y riqueza interior, pero el hecho de que nos falte un cierto sentido práctico puede crearnos estados de ánimo de ansiedad y nerviosismo, con las correspondientes alteraciones psicosomáticas. Podemos aprender técnicas de autoanálisis o bien buscar un maestro que pueda ayudarnos. Las mujeres deben tener cuidado con los problemas relacionados con la reproducción.

Consejos generales
Quien recoge el hexagrama n.º 48 recibe un mensaje casi esotérico, que deberá ser aplicado en todas las situaciones en las que se encuentre. En resumen, el *I Ching* aconseja mirar dentro de uno mismo, en el fondo del alma, para hacer emerger la enorme riqueza que posee, aunque esto nos cueste algunos sufrimientos.

Significado de cada línea

Seis al principio
No utilicemos nuestros recursos frente a situaciones o personajes negativos, si no queremos caer en una soledad no deseada. Intentemos activar nuestras fuerzas espirituales para encontrar otras razones de vivir.

Nueve en segundo lugar
En nuestro interior tenemos la capacidad de hacer que las cosas funcionen mejor pero, un poco por inercia, un poco porque no estamos rodeados de las personas indicadas, estamos desperdiciando nuestras energías en cosas de poca monta. Si continuamos así no lograremos hacer nada bueno.

Nueve en tercer lugar
Hay cosas muy buenas en nuestro interior y a nuestro alrededor. ¿Por qué no nos damos cuenta de ello? Es una auténtica lástima porque podrían ser una fuente de gran riqueza. Intentemos romper la timidez aprendiendo a ver y a comunicar.

Seis en cuarto lugar
No podemos hacer nada si no aprovechamos nuestra gran fuerza interior y nuestras capacidades. En el trabajo esforcémonos en aprender nuevas técnicas. En cualquier caso, es un periodo que debe usarse sobre todo para uno mismo y no para otros.

Nueve en quinto lugar
Tenemos todas las cualidades para tomar el mando a la hora de tomar decisiones. Los demás tienen mucho que aprender de nosotros, pero nos falta la fuerza de actuar de esta manera. Por lo tanto, tenemos que buscar alguien más fuerte y decidido que nos ayude a emerger.

Seis arriba
Línea muy positiva que indica una gran abertura ante la vida y ante la gente. Todo el mundo puede obtener lo que necesita. Nuestra misión es ayudar a los demás a encontrar una referencia para la vida. Nos veremos compensados.

49. KO
LA MUTACIÓN

SENTENCIA
Cuando sea el momento
haz la mutación
La perseverancia conduce al triunfo
Alejando el egoísmo, los errores se subsanan

IMAGEN
En el lago está el fuego
El hombre superior
actúa en el lugar y en el momento precisos

Significado adivinatorio

Es necesario llegar hasta la raíz de las cosas para realizar un verdadero cambio. Para hacerlo se tiene que aceptar un proceso que permita profundizar en las razones de una determinada situación y en las causas que la han producido, así como en las dificultades que deben ser superadas. Por otro lado, nadie se mantiene inalterable cuando cambian las condiciones de base: cuando estas últimas experimentan una mutación, también cambian las exigencias de aquel hombre o de aquella mujer, ya que cada hombre y cada mujer son como estrellas que cambian el orden de los planetas, al estar cambiando ellas mismas a cada momento. Los procesos de mutación que nos obligan a cambiar pueden no pillarnos desprevenidos cuando el cambio se produce si hemos sabido seguirlo desde su génesis y durante su desarrollo. Por lo tanto, es conveniente estar en el centro de este proceso y de sus dificultades. Esta es la única manera de que nuestra mutación se produzca simultáneamente a la mutación de

los tiempos, y sólo así podemos dominar el cambio. En efecto, en cada mutación se trata de tener conciencia de qué es lo que se pierde y qué es lo que se adquiere, y de saber si las cosas que están cambiando satisfacen nuestras necesidades más reales y en qué medida nosotros estamos preparados para acoger los cambios como el resultado de lo que hasta ahora hemos querido y hemos hecho.

Aplicación práctica

Amor
Nos encontraremos frente a un cambio total e imprevisto, deseado por nosotros o por la pareja. Podría tratarse de separación o divorcio, o también de un nuevo modo de concebir la relación. En cambio, si todavía estamos solos hay la posibilidad concreta de un encuentro imprevisto que revolucionará nuestra vida.

Trabajo y finanzas
Acontecimientos imprevistos, que sin embargo se preparaban desde hacía

tiempo, nos pondrán en condiciones de efectuar algunos cambios. Puede tratarse de un nuevo trabajo, de un cambio o de encargos distintos en el marco de la situación actual. En cualquier caso, se trata de un cambio de estado que pondrá fin a algunos problemas o a errores de conducta.

Salud
Se podría decir que estamos en baja forma. Los acontecimientos referentes a nuestra vida laboral o sentimental pueden haber incidido en nuestro sistema nervioso más de lo que nosotros mismos podemos suponer. Si no cambiamos radicalmente nuestra forma de ser podemos contraer enfermedades de una cierta gravedad. Cuidemos especialmente el sistema nervioso.

Consejos generales
Hay que estar preparado para aceptar cambios repentinos que vendrán como cuando cae un rayo del cielo sereno (en astrología se podría definir como «efecto Urano»). No obstante, sepamos que todo lo que ocurrirá, aunque pueda crearnos algunas preocupaciones, está marcado por el destino y ha sido preparado por acontecimientos precedentes.

Significado de cada línea

Nueve al principio
No debemos movernos porque ahora nos equivocaríamos de momento y de modalidades. Conjuguemos la moderación y la disponibilidad en cualquier circunstancia, entre otras cosas porque todavía se pueden encontrar soluciones de compromiso.

Seis en segundo lugar
Tenemos que estar dispuestos a aceptar o promover las modificaciones que resulten necesarias, entre otras cosas porque ya se ha hecho todo lo que ha sido posible hacer. Ahora tan sólo queda pasar a la acción directa y cambiar, quizá con la ayuda de alguien más.

Nueve en tercer lugar
Antes de tomar decisiones tenemos que estar seguros de que han sido necesarias. Esto lo podremos confirmar escuchando la opinión de los demás y, sobre todo, analizando personalmente la situación. No nos equivocaremos.

Nueve en cuarto lugar
No actuemos sólo movidos por una reflexión subjetiva. Cualquier cosa que debamos hacer o que esperemos que alguien haga debe tener el visto bueno de la objetividad y de la certeza. De lo contrario, no servirá para nada ni a nadie y lo único que creará es otra confusión.

Nueve en quinto lugar
Sigamos recto por nuestro camino y hagamos lo que consideremos necesario. Seguramente tendremos la razón y contaremos con el apoyo de las personas de nuestro alrededor. No necesitamos de nadie porque somos suficientemente responsables como para saber lo que se debe hacer.

Seis arriba
Los cambios que nos esperan son inferiores a lo que habíamos previsto. Por otra parte, en las circunstancias actuales no es aconsejable ir más lejos. Tampoco pretendamos cambiar a los demás para convertirlos a nuestra imagen y semejanza

50. TING
EL CRISOL

SENTENCIA
Éxito y buena suerte

IMAGEN
El fuego está sobre la madera
El hombre superior asienta su posición
y consolida su destino

Significado adivinatorio

En todo momento las condiciones que, con su diversidad y complejidad, actúan sobre el ánimo humano y sobre las circunstancias pueden dar lugar a las consecuencias más imprevisibles. Cada cosa debe tratarse como lo que es, es decir, respetando sus características y conociendo sus efectos en la combinación cambiante de los caracteres y de las naturalezas. En este hexagrama se describe un proceso que puede dar lugar a la más maravillosa de las soluciones, a la más clara de las conciencias. Al propio tiempo, esta conclusión está en total relación con las características de las cosas que se habían combinado entre sí y que hoy dan lugar a aquel resultado. Se trata de seguir el resultado anunciado por la realidad de las cosas igual que si nos encontráramos ante un cálculo perfecto que está ante su perfecta conclusión. El bienestar que se deriva de esta circunstancia une a la persona que ha recibido este hexagrama con su propio destino, de manera que lo que se hace es bueno en la medida en que respeta aquel destino en tanto que resultado de otra alquimia que se ha producido a través de la relación inevitable entre la suerte individual y la naturaleza profunda de todas las cosas. Se trata entonces de un triunfo en conexión con la posición personal en relación con aquella naturaleza, y de un bienestar seguro si se deja que se desarrollen las cosas por encima del egoísmo y de la prisa.

Aplicación práctica

Amor
Previsiones muy positivas. El amor llenará nuestra vida y la relación que nacerá, o que ha nacido ya, con el tiempo llegará a ser muy importante. La creatividad que originará, junto a la persona amada, podrá traducirse en el nacimiento de un hijo y quizá también en una actividad, probablemente artística, que llevaremos a cabo de común acuerdo. Índice también de una nueva relación.

Trabajo y finanzas
En este terreno, las perspectivas también son más que positivas. Nuestras actividades vivirán un periodo muy satisfactorio y el dinero aumentará notablemente. Esto será el fruto de cambios importantes y afortunados, pero también del saber aprovechar inteligentemente la capacidad creativa. No olvidemos la vida interior y prefiramos, sobre todo, las actividades intelectuales.

Salud
En cuanto a la salud, por el contrario, el hexagrama n.º 50 indica un exceso de comida que puede debilitar nuestras energías y producir trastornos digestivos. Hay que remediar rápidamente esta situación siguiendo una dieta drástica, bajo control médico y a costa de un gran sacrificio. Con este hexagrama se nos invita, por otro lado, a conceder más espacio a la vida espiritual si queremos sentirnos bien con nosotros mismos.

Consejos generales
El hexagrama n.º 50, uno de los más interesantes de los 64 del *I Ching*, propone fijarse otros objetivos que no sean exclusivamente los económicos, las comidas o los placeres en general. Para lograrlo aconseja aplicar técnicas purificadoras o aprender actividades psicofísicas, como por ejemplo el yoga, el tai chi chuan u otras similares.

Significado de cada línea

Seis al principio
Mediante un cambio que puede parecer inútil, se pueden obtener algunos reconocimientos. Por otra parte, es necesario eliminar viejas incrustaciones de nuestra conducta si queremos que todo ello se produzca.

Nueve en segundo lugar
Tendremos una excelente fortuna en todos los sentidos e incluso podremos generar la envidia de otros. Pero si mantenemos nuestra rectitud moral y no nos dejamos influenciar por conductas equivocadas, todos reconocerán nuestra superioridad.

Nueve en tercer lugar
¡Lástima! Por el momento nuestras cualidades no están reconocidas. De todos modos, tenemos que seguir cultivando nuestro talento, y lo que hasta ahora se nos estaba subvalorando no tardará en salir a la luz, de modo que se nos reconocerán todos los méritos.

Nueve en cuarto lugar
Tendríamos todas las posibilidades de triunfar en lo que nos interesa, pero lo arruinamos todo con un comportamiento que no se corresponde con nuestra posición. La única esperanza consiste en una profunda toma de conciencia que nos haga cambiar.

Seis en quinto lugar
Si mantenemos una actitud sensata y humilde encontraremos personas que colaborarán en un trabajo importante. Esto requerirá sacrificios y perseverancia, pero lograremos alcanzar la meta.

Nueve arriba
Todas las cosas tienen buena estrella, pero hay que aceptar consejos provenientes de alguien que sabe más que nosotros. Si por el contrario nos toca a nosotros dar consejos, tenemos que hacerlo con mucho tacto.

51. CHÊN
LA TRONADA

SENTENCIA
Miedo seguido de alegría
La tronada asusta
a muchas millas a la redonda
No se pierde el contacto con uno mismo
y se da muestra de gran seriedad
IMAGEN
Trueno continuado
El hombre superior, aunque sienta miedo,
pone orden a su vida y se explora a sí mismo

Significado adivinatorio

Tradicionalmente se cree que Dios solamente se presenta a los hombres a través del bien de su providencia. Esta es la razón por la cual en esta visión infantil de la providencia no cabe el terror. Pero precisamente el terror muestra la cara más verdadera de Dios, su cara oculta, la que hace que las cosas se cumplan. Ante circunstancias que parecen poner a prueba nuestros nervios, que nos hacen pensar que todo ha ido por mal camino y que no podremos soportar lo que vamos a encontrarnos, si nos esforzamos únicamente en mantener una visión clara de las cosas y una participación honesta y discreta, son las propias circunstancias las que nos empujan con fuerza hacia la obtención del dominio de uno mismo y del destino. Así, todo lo que se hace está bien, y todo acaba bien porque no hemos olvidado el sentido último de las cosas. A veces las cosas son mucho mejores de como las vemos, y su cara negativa o terrorífica no es más que el reflejo de nuestra dificultad en comprenderlas. Esto explica por qué momentos como estos son indispensables para que cada uno ordene su propia vida, sin miedo a que lo que pueda derivarse de ello sea menos bueno y satisfactorio.

Aplicación práctica

Amor
Un encuentro imprevisto trastorna nuestra vida y cambia muchos de nuestros hábitos. Tenemos que ser prudentes para evitar que los cambios nos perjudiquen. El riesgo consiste precisamente en perder el sentido de la medida. Para una relación en curso, en cambio, se prevén rupturas tormentosas después de una serie de disputas que poco a poco han carcomido la relación.

Trabajo y finanzas
Acontecimientos repentinos e inesperados pueden cambiar radicalmente nuestra situación profesional o financiera. No siempre estaremos a la altura

de la situación y esto hará que nos asustemos más de lo debido. En este momento se necesita control de los nervios, fuerza moral y rapidez de reflejos para recuperar una cierta calma.

Salud

Tenemos que hacer lo posible para tranquilizar nuestra vida, ya que corremos el riesgo de padecer problemas cardiocirculatorios. Asimismo, debemos prestar siempre mucha atención en no sufrir accidentes provocados por distracciones o por cambios imprevistos de situación. De todos modos, apoyándonos en nuestra gran fuerza interior podremos superar cualquier problema.

Consejos generales

Todo es posible con el hexagrama n.º 51, desde el accidente hasta el cambio de condición social. La persona que lo recibe tiene que confiar en la propia integridad moral y en la capacidad de resistencia, si quiere que una experiencia de tales características se resuelva de manera positiva y fructífera.

Significado de cada línea

Nueve al principio

Gran susto inicial por un acontecimiento que nos pilla de sorpresa. Pero después de la primera reacción, exhalaremos un suspiro de alivio y constataremos cómo nos ha enriquecido la experiencia vivida.

Seis en segundo lugar

Aceptemos la pérdida que se deriva de una situación en la cual estamos en posición desventajosa y retirémonos en nosotros mismos. Tan pronto como haya pasado la contingencia y sin haber hecho nada, lo que es nuestro volverá a nosotros y se restablecerá el equilibrio.

Seis en tercer lugar

No aceptemos los golpes del destino o las decisiones ajenas sin valorarlas, si no queremos sucumbir bajo su peso. Reaccionemos enérgicamente y en ese momento podremos modificar a nuestro favor lo que en un principio parecía perjudicarnos.

Nueve en cuarto lugar

Nos veremos obligados a no actuar para no agravar todavía más la situación. Por otra parte, el destino ha creado la confusión que estaba prevista. Pero por ahora cualquier acción sería deletérea. Mejor dejarlo para más adelante.

Seis en quinto lugar

Seguimos estando sometidos a continuos golpes del destino y no tenemos tiempo ni para respirar. En cualquier caso tenemos que esforzarnos en afrontar las situaciones que continúan modificándose. Optemos por el compromiso y la moderación.

Seis arriba

Cuando las situaciones son demasiado caóticas y se teme lo peor, la mejor reacción es no intervenir hasta que se considere que las cosas estén totalmente aclaradas. Quizás esto no gustará a alguien que ya ha sufrido lo peor y espera un comportamiento diferente por nuestra parte.

52. KÊN
LA QUIETUD

SENTENCIA
*Manteniendo la espalda quieta
se deja de percibir el cuerpo*

IMAGEN
*Montaña contra montaña
El hombre superior no va más lejos
en sus ideas*

Significado adivinatorio

A veces en la vida se producen situaciones en las cuales todo consiste en mantener la calma, puesto que lo que ocurre sólo puede herir si se le presta atención. Al igual que la drosera cierra sus pétalos para protegerse de los estímulos excesivos, en dichas circunstancias es necesario encerrarse en uno mismo y procurar mantener la tranquilidad interior. Para alcanzar este estado, para impedir que los acontecimientos nos arrastren en un remolino de pensamientos en los que esperanza y miedo se alternan en función de nuestros deseos, hay que utilizar los recursos más variados. El cuerpo es un filón de recursos para quien lo sabe entender como el resultado perfecto de la evolución universal. En su interior se guardan secretos que nuestro Yo puede desvelar y que nos explican los acontecimientos en los que estamos involucrados con mucha más claridad de lo que se puede percibir mediante los sentidos que normalmente se utilizan para captar la realidad externa. Quien sabe penetrar en su propio cuerpo, y desde allí percibir los mensajes provenientes del exterior, de cara afuera se comportará con seguridad, buenos planteamientos y previsión. Sin embargo, hasta que no se ha logrado dicha posición conviene basarse sólo en el presente para estar al mismo tiempo aquí, ahora y en ningún lugar.

Aplicación práctica

Amor
Se trata de un sentimiento que está llegando a su fin, contra el cual, dicho sea de paso, no hay que rebelarse. Hay que aprender a reprimir la ansiedad para poder ver la situación tal como es en realidad. Además, no hay que tomar iniciativas de ningún tipo, sin olvidar que la paz interior pasa por renunciar a los placeres fáciles.

Trabajo y finanzas
No es el momento de tomar iniciativas o de ampliar el radio de acción, ya que hay cosas más importantes para nuestra

tranquilidad. En qué consisten tales cosas sólo lo sabemos nosotros, pero no los demás. Es necesario no dar ningún paso en ninguna dirección y cultivar el trabajo actual sin deseo de cambios, y sin pensar tampoco en lo que habrá que hacer en el futuro.

Salud
Hay que destacar una cierta alteración en el equilibrio neurovegetativo generado por periodos demasiado intensos. Para recobrar los ritmos adecuados hace falta tonificar el sistema nervioso con las terapias oportunas. Esto no significa que se tengan que tomar medicamentos convencionales, puesto que también pueden ser válidas determinadas prácticas psicofísicas, como por ejemplo el yoga, mediante las cuales se puede obtener el mismo resultado sin ningún tipo de contraindicaciones.

Consejos generales
Ha llegado el momento de detenerse, independientemente del problema que tengamos que afrontar. El tiempo ya dirá cuándo es el momento de proseguir el camino. Por ahora, si queremos estar en paz con nosotros mismos y con los demás, no tomemos iniciativas. Hay que vivir con tranquilidad y aprovechar para llevar a cabo una profunda búsqueda interior.

Significado de cada línea

Seis al principio
No nos movamos bajo ningún concepto; permanezcamos inmóviles hasta que encontremos el buen camino, hecho que por el momento no es posible. No nos dejemos llevar por los acontecimientos y

mantengamos la calma. Tenemos que ser perseverantes en esta dirección.

Seis en segundo lugar
Es preferible no ponerse al lado de personas que de alguna manera pueden incumplir sus deberes. Esto es lo que nos está ocurriendo y aunque quisiéramos evitarlo, la inercia actual de las cosas nos lo impediría.

Nueve en tercer lugar
Hay que controlar la rabia que se está generando en nuestro interior porque no sirve para nada. Pero tampoco nos obliguemos a situaciones de calma forzada que no sentimos. Como siempre, el camino a seguir es el del medio.

Seis en cuarto lugar
Vamos por el buen camino para alcanzar la paz y liberarnos de las tensiones. Aunque el camino es largo no hay que retroceder, porque sólo estaremos en paz con nosotros mismos y con los demás cuando lo hayamos recorrido todo.

Seis en quinto lugar
Corremos el peligro de decir cosas de las que tendremos que arrepentirnos, sobre todo si están relacionadas con las vidas de los demás. Debemos hablar y actuar con cautela, sin hacer caso de las habladurías que puedan llegar a nuestras orejas. Hablemos de lo que realmente sepamos.

Nueve arriba
Finalmente, podemos decir que hemos alcanzado la serenidad o, por lo menos, una situación descansada. Hemos triunfado en nuestro intento de alcanzar la meta que nos habíamos fijado. Esta experiencia debería gratificarnos.

53. CHIEN
EL PROGRESO GRADUAL

SENTENCIA
La doncella se une en matrimonio
y trae buena fortuna
Propicia la fuerza interior constante

IMAGEN
En la montaña hay un árbol
Así el ser superior
comportándose con dignidad
mejora los hábitos

Significado adivinatorio

Finalmente ha llegado el momento de expresar nuestra capacidad de penetrar en los abismos normalmente insondables de las verdades que deseamos conocer. De igual modo, es posible acercarse a alguien próximo a nosotros afrontando los problemas generados por los vínculos que nos mantienen unidos y que al mismo tiempo nos sostienen. Efectivamente, no es imaginable que una relación, por muchas penas que origine, no tenga también la función de protegernos, de la misma manera que un vínculo que consideramos importante siempre conlleva una cierta limitación de la libertad personal. Con este tipo de relaciones hay que proceder gradualmente, tanto si se quiere rescindirlos, como si se pretende fortalecerlos. Hay que tener presente que siempre hay que operar sobre uno mismo y sobre los demás de forma simultánea, y que nada que se haga sin tener en cuenta lo uno y lo otro puede resultar eficaz con vistas a alcanzar aquel bienestar y aquella felicidad a la que todos aspiramos. Es necesario comportarse siempre respetando las leyes de la naturaleza humana y de las convenciones. Naturalmente, se trata solamente de aquellas convenciones que radican en las necesidades más profundas, que no son arbitrarias y que sirven para el progreso de toda la humanidad.

Aplicación práctica

Amor
Sin prisas ni ansiedad el sentimiento que nos invade irá ganando consistencia, hasta convertirse en esencial para nuestra vida. Contraeremos matrimonio con la persona que amamos y que es el origen de que nos hayamos dirigido al *I Ching*. Si ya estamos casados, la relación se consolidará. Delante nuestro tenemos un periodo de gran serenidad y comprensión.

Trabajo y finanzas
Es una fase de gran progreso pero lento, que nos podrá llevar muy lejos. Hay

que aprovechar nuestras energías de la mejor manera, pero sin tener prisa y actuando siempre con la máxima corrección. Debemos servir de ejemplo a los demás y nuestra actitud servirá para ganar su confianza.

Salud
No hay nada que destacar en este apartado. Nos encontramos bien y, a pesar de haber tenido algunos problemas, estos irán desapareciendo y nuestra salud tendrá una lenta y constante mejora. Si es posible, salgamos al aire libre y hagamos ejercicio pero sin exagerar. En este periodo de la vida, la moderación y la constancia son fructíferas.

Consejos generales
Tal como ya se ha dicho estamos atravesando un periodo de mejorías en todos los ámbitos y pronto alcanzaremos la meta fijada. Lo único que se nos pide es un comportamiento respetuoso y nada egoísta, sin el cual difícilmente se puede lograr el triunfo.

Significado de cada línea

Seis al principio
Avancemos lentamente en cualquier tipo de circunstancia, si no queremos cometer errores. La búsqueda de aquello que deseamos puede ser fuente de críticas por parte de otros, quizá también en parte porque nuestra actuación es un poco confusa. No nos preocupemos y sigamos adelante.

Seis en segundo lugar
Hemos obtenido un primer resultado y debemos estar contentos. Desde el punto al cual hemos llegado podemos plantearnos la posibilidad de dar otros pasos hacia el éxito. Pero no pensemos exclusivamente en nosotros mismos, sino en todos los que están relacionados con nosotros.

Nueve en tercer lugar
Si no permitimos que las cosas evolucionen con calma, según los ritmos naturales, podemos llegar a sufrir grandes disgustos o, por lo menos, fracasar. Sólo tenemos que defender las posiciones alcanzadas y nada más, ya que de lo contrario podríamos vernos perjudicados.

Seis en cuarto lugar
Si permanecemos atentos a lo que ocurre a nuestro alrededor podemos encontrar un punto de apoyo en medio de una situación caótica. Quizá no será gran cosa, pero sí suficiente para proporcionarnos una ayuda concreta y un periodo de tranquilidad discreta.

Nueve en quinto lugar
Estamos en una posición de predominio respecto a los demás y esto puede dar pie a envidias y malentendidos. No debemos preocuparnos por ello porque la evolución natural de las cosas eliminará los inconvenientes y nos permitirá tener de nuevo buenas relaciones.

Nueve arriba
Hemos llegado a donde queríamos y esto nos producirá una gran satisfacción quizá porque nos daremos cuenta de que los demás estarán totalmente pendientes de nosotros y buscarán nuestras enseñanzas. La línea es signo de buena fortuna y de justa recompensa.

54. KUEI MEI
EL CONCUBINATO

SENTENCIA
Iniciativas traen el mal
Nada que sea propicio

IMAGEN
Sobre el lago está el trueno
El ser superior reconoce la caducidad
de la vida
y se comporta en consecuencia

Significado adivinatorio

Ciertamente, hay relaciones que unen tanto los individuos entre sí como las cosas que afectan a tales individuos, que no derivan de una serena relación con el objetivo de tejer la trama de la existencia de modo coherente, cohesionado y continuo. Este tipo de vínculos está hecho, por así decirlo, para poner en evidencia una herida precedente, un momento en que aquella serenidad se perdió. Y también para poner en evidencia el lugar en que se debe remediar retornando a aquellas relaciones que originaron las situaciones que vivimos en el presente. Los hombres se encuentran y se separan continuamente, y las cosas se vuelven interesantes para luego pasar a ser de nuevo indiferentes de forma aparentemente casual, o bien de un modo que nos hace pensar que la causa de este continuo encontrarse y dejarse depende totalmente de las circunstancias o de comportamientos evidentes. En realidad, todo lo que no ha sido aclarado en el pasado vuelve, de forma que el pasado es siempre actual mientras aquella trama que al principio ha sido hilvanada por error no encuentra el modo de deshacerse para liberar, de una vez por todas, al hombre de su sufrimiento y devolverlo a la vida.

Aplicación práctica

Amor
Las situaciones que están por llegar no son positivas. El sentimiento, si se puede llamar así, que nos invade o que invade a la persona que nos interesa solamente es fruto de una atracción sexual que difícilmente resistirá al tiempo. Para quien ya está casado, se prevén relaciones ambiguas debido a la aparición de otra persona que suscitará un notable interés. Amores clandestinos.

Trabajo y finanzas
En este terreno las cosas tampoco van de la mejor forma que cabría esperar. Es necesario no tomar iniciativas y

prestar mucha atención a las relaciones interpersonales. Tenemos la tentación de emitir juicios erróneos que parten de un presupuesto equivocado y que pueden referirse a cosas o a personas, y que en última instancia pueden causarnos algún mal. Seamos muy ponderados y fieles a nosotros mismos.

Salud
Una actividad sexual excesiva puede haber originado problemas de bastante magnitud. Es conveniente que nos reintegremos a filas, por decirlo de algún modo, y que moderemos nuestras prestaciones... Puede haber otros casos, en cambio, en que se manifiesten problemas de varios tipos que requieran rigor y moderación en todas las manifestaciones de la vida. Siguiendo este consejo volveremos muy pronto a la normalidad.

Consejos generales
Tal como dice la sentencia, el ser superior reconoce la caducidad de la vida y se comporta en consecuencia. En efecto, tenemos que aceptar los ritmos naturales de las cosas que prevén un inicio y un final. Es inútil oponerse a este estado de cosas o intentar tomar la iniciativa para detenerlo. No serviría para nada.

Significado de cada línea

Nueve al principio
Tenemos que estar dispuestos a ser una figura de segundo plano en una situación que nos afecta. De este modo, y sin pretender nada más, triunfaremos en nuestros intentos y nos ganaremos el aprecio de todos. Esta es una de las formas inteligentes para vivir bien.

Nueve en segundo lugar
Un poco de tristeza nos oprime porque en el momento actual no logramos tener lo que teníamos antes. Pues bien, hay que contentarse con ello porque cualquier iniciativa es inútil. Mantengámonos fieles a nuestros principios y aceptemos un periodo momentáneo de depresión.

Seis en tercer lugar
Debemos contentarnos con algo que anteriormente habíamos rechazado. Pero ahora ya no hay nada que hacer. Por otra parte, aceptando la situación no haremos grandes pasos adelante. Procuremos apelar a nuestra dignidad.

Nueve en cuarto lugar
Nuestros programas están sufriendo un notable retraso y nos estamos angustiando. Tengamos mucha paciencia porque, aunque la cosa no será de una gran satisfacción, lograremos llevar a buen término nuestro proyecto.

Seis en quinto lugar
Tenemos que aceptar tener menos de lo que nos corresponde, sea cual sea el problema. La adaptación a situaciones no gratificantes puede ser igualmente positiva. Todo radica en nuestro sentido del honor y en cómo reaccionaremos. Buen hacer y cortesía son indispensables.

Seis arriba
Un comportamiento superficial o destinado exclusivamente a satisfacer la forma más que la sustancia no puede traer nada bueno. La situación es desfavorable en todos los aspectos, entre otras cosas porque tenemos dificultades en mostrarnos sinceros.

55. FÊNG
LA ABUNDANCIA

SENTENCIA
La abundancia triunfa
no debes estar triste
debes estar como el sol a mediodía

IMAGEN
Truenos y rayos juntos
El hombre superior emite sentencias
y aplica las penas

Significado adivinatorio

Muchas impresiones, muchas emociones, sentimientos de varios tipos se alternan, se entrecruzan, se confunden,
sin que nada se consolide definitivamente. Es el efecto de una época en que
lo que prevalece es la potencia de los
elementos frente a la cual el hombre no
puede más que reconocer la maravillosa
obra de la creación que se prolonga infinitamente y sin detenerse. Esta obra es
el testimonio de que el hombre, para ser
realmente libre, debe dominar, y para
dominar tiene que saber vivir la gran-
diosidad de la obra que infinitamente lo
atraviesa. Esto podría ser deprimente
porque es como si no hubiera un lugar
de reposo. Pero el hombre, llamado a
ser el rey de la creación, tiene que
aprender a obedecer con alegría. No es
una simple obediencia, sino que la alegría en la obediencia es lo que se exige
a este rey, siempre dispuesto a seguir las
vicisitudes de su creación, atento y capaz de afrontar sus efectos. Un rey de
estas características no debe detenerse,
sino que ha de proceder como si en cada
cosa estuviera oculto el todo, y como si
en el todo se tratara de una sola cosa.
Esto significa que la decisión tomada es
ley para todos.

Aplicación práctica

Amor
Se dan todas las condiciones para que
nuestros sentimientos puedan obtener
plena satisfacción. Tenemos suficiente
carisma para conquistar al ser amado.
Pero precisamente en el momento en
que nos parece haber alcanzado todo
lo que deseábamos, empieza la caída.
No nos compadezcamos, seamos positivos y, como máximo, procuremos prevenir el periodo negativo.

Trabajo y finanzas
Hemos entrado en un periodo de grandes satisfacciones morales y materiales, y esto nos podría hacer caer en
actitudes poco adecuadas a las circunstancias. Corrijamos dicho error e inten-

temos tener una visión muy amplia, de modo que se pueda prevenir la fase negativa incluso antes de que esta se manifieste. Seamos optimistas.

Salud
No hay ningún problema, estamos en una fase de mejoría psicofísica y no podemos lamentarnos de nada. Como máximo podrían producirse momentos de depresión porque una cierta falta de optimismo incide en la vida cotidiana. De esta forma entramos en un círculo vicioso que debemos romper cuanto antes. Contentémonos con lo que tenemos y no pretendamos más.

Consejos generales
A pesar de que las situaciones que estamos viviendo parecen totalmente tranquilas, no hay que dormirse en los laureles ni dejarse llevar por el optimismo. La vida es tal como es, y todo tiene unos ciclos naturales contra los cuales nada se puede hacer. Todo lo que podemos hacer es pensar en los momentos de declive para prevenirlos.

Significado de cada línea

Nueve al principio
Es la hora de actuar, especialmente si nos encontramos en compañía de personas que piensan como nosotros. Pero no nos confiemos porque los problemas siempre pueden salir a flote. Además, no sigamos ciegamente a los demás, sino que tenemos que apoyarnos en nuestra fortaleza moral.

Seis en segundo lugar
Podemos estar tranquilos: la sinceridad y la confianza se restablecerán a nues-

tro gusto. Realizaremos tentativas comunes con algunas personas que, sin embargo, tienden a obstaculizarnos. En el momento oportuno prosigamos por nuestro camino.

Nueve en tercer lugar
Nos sentimos atrapados por algunas situaciones que nos parecen inescrutables. Con toda probabilidad hay mucha envidia a nuestro alrededor, pero con un poco de buena voluntad conseguiremos aclarar las cosas para que no nos perjudiquen.

Nueve en cuarto lugar
Tenemos suficiente energía para tomar el camino que desde siempre hemos creído adecuado. Sin embargo, la acción tiene que ser muy equilibrada para no hacer más mal que otra cosa. Seamos sensatos en cualquier circunstancia y los resultados serán positivos.

Seis en quinto lugar
Tenemos que estar abiertos a las sugerencias de aquellas personas que desean nuestro bien. En este caso, la modestia es más que positiva y nos puede abrir puertas muy satisfactorias. Un periodo alegre y tranquilo será extraordinariamente positivo para las relaciones.

Seis arriba
No queremos prestar atención a nadie, ni tan siquiera a las personas por quienes sentimos aprecio. En consecuencia, el resultado que nos espera será con toda seguridad negativo y no podremos remediarlo. Procuremos recuperar el buen juicio, si es que todavía estamos a tiempo.

56. LU
EL VIANDANTE

SENTENCIA
La fortuna está en las cosas pequeñas
Es necesario perseverar

IMAGEN
Fuego y resplandor sobre la montaña
el ser superior no hace durar las disputas

Significado adivinatorio

Cada hombre y cada mujer son una estrella que para alcanzar su órbita debe emprender un viaje en el cual sólo el destino le ayudará a encontrar su meta definitiva. En este viaje hay que saber cómo comportarse ya que siempre se está fuera de lugar. En el transcurso del tiempo cada cual aprende a tratar todo lo que sirve para progresar en el viaje, sin olvidar que siempre se tiene una dependencia, y que aquel viaje, así como todo lo que a través de él se aprende, tiene como objetivo último liberarse de cualquier dependencia. El secreto de esta aparente paradoja consiste en que la libertad es un bien que se conquista solo, puesto que primero se pierde y luego se es consciente de dicha pérdida. De esta conciencia nace la necesidad de atarse, y deshaciendo las ataduras nos liberamos, es decir, reconquistamos la libertad perdida. Así, muy a menudo uno pretende sentirse libre cuando se aleja de las que se consideran las causas de nuestra dependencia, sin darse cuenta de que la dependencia permanece todavía dentro de uno mismo dispuesta a reactivarse a la primera ocasión. Por esto es conveniente no encarnizarse con quien creemos que nos limita, sino que más bien debemos verlo como una ocasión para reflexionar sobre nuestra dependencia.

Aplicación práctica

Amor
Es difícil que una relación sea duradera. Por lo general, el n.º 56 trae alejamientos debidos a causas de fuerza mayor, aunque también a la inestabilidad de los sentimientos. Por bien que vaya, podrá tratarse sólo de un alejamiento momentáneo, a causa de un viaje de uno de los dos. En cualquier caso, no hay que confiar mucho en una relación de este tipo.

Trabajo y finanzas
No nos preocupamos de nuestra actividad todo lo que deberíamos y este des-

cuido repercute ciertamente en el rendimiento. Es necesario esforzarse más, evitando pasar de una cosa a otra sin detenerse suficientemente en ninguna. Si tenemos que buscar trabajo encaminémonos hacia una ocupación de movimiento y no de oficina. Los viajes son favorables.

Salud
Estamos pasando o vamos a pasar un momento de inestabilidad psicofísica. De una vez por todas tenemos que seguir un régimen o un tratamiento adecuado a nuestra situación. Si continuamos pasando de una medicina a otra lo único que obtendremos será un lío fenomenal. Podría ser útil un viaje para alejar los problemas de la mente.

Consejos generales
El hexagrama n.º 56 indica en general situaciones de inestabilidad o descuido que hacen peligrar todo lo logrado hasta el momento. Por lo tanto, es necesario efectuar un examen de conciencia y corregir aspectos del comportamiento para remontar más fácilmente la corriente. Hace falta terminar con las disputas.

Significado de cada línea

Seis al principio
No mostremos excesiva disponibilidad solamente para agradar a los demás, porque nos arriesgamos a perder dignidad y credibilidad. La cortesía es necesaria pero nunca debe obligar a adoptar conductas de mero servilismo.

Seis en segundo lugar
Debemos tener confianza en nuestras posibilidades y actuar sin apresurarnos. Muy probablemente encontraremos una persona más joven que nosotros que nos ayudará en una situación determinada y nos tranquilizará. Nosotros sólo tenemos que mantener nuestra dignidad.

Nueve en tercer lugar
No nos atrincheremos detrás de la soberbia, tratando mal a quien hasta ahora nos había ayudado. Estamos corriendo un serio peligro. De hecho, las situaciones positivas están empeorando debido a esta actitud nuestra.

Nueve en cuarto lugar
Aunque no podemos lamentarnos de nada, no nos sentimos totalmente a gusto. Hay que tener paciencia porque esto no durará mucho. Limitémonos a procurar que no nos quiten lo que nos ha costado tanto conquistar.

Seis en quinto lugar
Miremos a nuestro alrededor y con un poco de atención veremos algo que nos interesa y que, además, conseguiremos atrapar. De esto obtendremos beneficios de varios tipos. Puede tratarse de trabajo o bien de amistades.

Nueve arriba
No estemos despreocupados y desganados como es la tendencia general en este periodo. Nos estamos arriesgando a perder algo que nos interesa mucho, cuya falta podría resultar un gran mal. Es necesaria una serena toma de conciencia.

57. SUN
LA APACIBILIDAD

SENTENCIA
Las pequeñas cosas conducen al triunfo
Es necesario tener un objetivo
Es necesario ver al gran hombre

IMAGEN
Viento después de viento
penetración de lo apacible
El hombre superior difunde sus ideas
y se ocupa de sus empresas

Significado adivinatorio

El viento más potente es aquel que sopla ligero y, a cada instante, acariciando las cosas, las modela de manera que estas nunca volverán a ser igual que antes. Se suele creer que una acción contundente modifica las cosas de forma permanente. Esto es verdad sólo a veces, puesto que suele tratarse de situaciones extraordinarias. Este hexagrama nos invita a pensar en el tiempo como el conjunto de muchos pequeños momentos durante los cuales una roca, por poner un ejemplo, es pulida por un viento ligero. Cada acción nuestra tiene que ser como aquel viento, y cada efecto que se deriva de nuestra acción debe ser como un granito de arena que se substrae a aquella roca que se modela con la acción del viento. Para lograr tanta constancia y previsión a largo plazo es recomendable confiar en quien ve más allá que nosotros. Además, hay que buscar dentro de uno mismo la fuerza que nos permite tener paciencia sin perder el sentido de los acontecimientos, que maduran lenta pero inexorablemente. Por otro lado, nosotros mismos somos a la vez roca y viento, la obra que alcanza el objetivo y el objetivo alcanzado. Nosotros mismos, modificando la realidad que nos circunda también somos modificados, y el trato que pedimos para nosotros es el mismo que todos los seres, si pudieran elegir, desearían que se adoptara con ellos.

Aplicación práctica

Amor
Es un sentimiento que se está abriendo camino muy lentamente, pero que tiene todas las premisas para llegar a ser intenso y comprometido. No obstante, hay que tener mucha paciencia y, aunque la atracción sea muy fuerte, no se debe intimar al otro con ofertas de amor demasiado directas. Es mucho más útil una presencia constante pero discreta, hasta el punto de hacerse indispensable.

Trabajo y finanzas
Por el momento, la situación es bastante fluida, sin grandes éxitos, pero tampoco fracasos. Hay que trabajar trazándose una meta muy precisa, aunque sin tomar posiciones demasiado enérgicas. Es un periodo en el que hay que ser perseverante y, al mismo tiempo, saber adaptarse a los ritmos de la vida. La única forma de ir hacia delante es con una acción lenta y constante.

Salud
Nos sentimos bastante desmotivados y esto repercute de forma notable en nuestra salud. Nuestro desencanto, unido a la falta de entusiasmo, puede provocarnos problemas psicosomáticos. De todos modos, en las circunstancias actuales no podemos hacer mucho. Intentemos seguir algún tratamiento natural que pueda ayudarnos.

Consejos generales
Seamos amables con todo el mundo, aceptemos las cosas con mucha simplicidad y sin tensiones y, si es necesario, apoyémonos en alguien que sepa ver más lejos que nosotros o que, por el momento, tenga más fuerza y poder. Quizá habrá que esperar un tiempo, pero los resultados que obtendremos no nos decepcionarán.

Significado de cada línea

Seis al principio
Nuestro comportamiento es muy indeciso y esto nos hace avanzar y retroceder sin que lleguemos a nada. En este momento, si queremos salir del atolladero, hagamos un esfuerzo y tomemos las riendas de la situación.

Nueve en segundo lugar
Hay cosas o personas extraordinariamente negativas que pueden causarnos mal casi sin que nos demos cuenta. Es necesario captar estas fuerzas y remediar la situación poniéndolas en evidencia. Esta es la única forma de liberarnos de las tensiones.

Nueve en tercer lugar
No hay que seguir analizando las cosas desde todos los puntos de vista posibles porque lo único que conseguimos es confundirnos todavía más. Después de un atento examen se tiene que pasar a la acción, ya que de lo contrario continuamos sumergidos en mil y una dudas.

Seis en cuarto lugar
Procuremos dar satisfacción a todo el mundo sin olvidar a nadie si no queremos que surjan dificultades. Esto no exime que debemos actuar con determinación, responsabilidad y modestia, aprovechando la experiencia adquirida.

Nueve en quinto lugar
Si no queremos equivocarnos más de lo que ya hemos hecho, tenemos que decidirnos a aportar algunas modificaciones a nuestra vida o a la coyuntura actual. Pero antes se debe valorar atentamente con un análisis a distancia en el tiempo.

Nueve arriba
Nuestra capacidad intelectual sería suficiente para encontrar los motivos recónditos que hacen que una situación sea negativa. Pero no tenemos fuerza suficiente para pasar a una acción liberadora. Si no queremos empeorar las cosas, dejémoslas como están.

58. TUI
LA SERENIDAD

Triunfo
la perseverancia es recompensada

Imagen
Lago sobre lago
El hombre superior se une a los amigos
para discutir y aplicar la virtud a la vida

Significado adivinatorio

Las profundidades del alma humana son tales que se dice que el alma no tiene fondo. Esto podría llenar de desesperación a la persona que quisiera solventar la propia existencia sin recurrir a la ayuda del amigo. El amigo, en esta particularísima excepción, es como el espejo que refleja las imágenes sin arrugarse, devolviendo la imagen como desde una nueva perspectiva. Cuando dos espejos se sitúan uno frente al otro el resultado es una infinidad de imágenes. En estas imágenes nos podemos perder, ya que cada una de ellas no es más que el reflejo del alma en donde se naufraga dulcemente. Así se puede mirar la existencia como si se tratara de un puro reflejo y actuar con serenidad porque la realidad no se altera. En efecto, la realidad está reflejada en las imágenes del alma y no hay que tener miedo de equivocarse porque a cada imagen corresponde un sentido que es de percepción. Este sentido es tal que es también de dirección: así po-

demos dejarnos ir, de modo que al tocar el fondo de nuestra propia alma se abre el camino que nos conduce al amigo. Para hacerlo hay que ser de la misma sustancia que el agua, fluidos y capaces de no oponer ninguna resistencia, como un cuerpo que se abandona y no elige por sí solo la dirección a seguir, sino que se deja llevar por la fuerza de la gravedad sin otro esfuerzo que no sea el abandono y la disponibilidad.

Aplicación práctica

Amor
Encontraremos o ya hemos encontrado una persona que sintoniza en nuestra misma longitud de onda. El amor nos sonreirá y nos dará aquella serenidad que buscamos desde hace tanto tiempo. No se tratará de una pasión increíble, sino de algo más: un vínculo serio y profundo, basado en el respeto, en la amistad y las ideas comunes, que iluminará nuestra vida y la de la pareja.

Trabajo y finanzas

No vayamos solos, apoyémonos en personas amigas que tienen la misma forma de plantear las cosas. Nuestra actividad se verá beneficiada. Tenemos ante nosotros un periodo tranquilo, sin grandes momentos triunfales pero suficiente para darnos satisfacciones. Seamos moderados y constantes en nuestros propósitos y no tendremos que lamentarnos.

Salud

No debería haber nada destacable. Es un periodo tranquilo también en este ámbito. Si nos encontramos bien, seguiremos igual; si hemos tenido problemas, estos desaparecerán poco a poco. Lo único que debemos procurar es satisfacer nuestras necesidades, aunque es preferible no exagerar en la comida, ni en la bebida, ni en otras cosas...

Consejos generales

El hexagrama n.º 58 recomienda la moderación en todo, en el comportamiento, en las actividades, en las diversiones. Aconseja serenidad, alegría comedida, trabajo metódico y tranquilo, placeres sobrios. Recomienda una elección atenta de las amistades, que deben ser lo más parecidas posible a nosotros mismos.

Significado de cada línea

Nueve al principio
Estemos tranquilos con nosotros mismos: esta es la primera regla para estar de acuerdo con el prójimo y, a la vez, para no verse influenciado por él. La segunda regla es no ser egoísta y no actuar según antipatías o simpatías preconcebidas.

Nueve en segundo lugar
Podemos frecuentar personas que no se parecen a nosotros, con las que nos arriesgamos a dejarnos llevar por modos de vida poco sensatos. Sólo lo podemos hacer si interiormente somos conscientes de estos peligros y nos mantenemos fieles a nosotros mismos.

Seis en tercer lugar
Tenemos que encontrar la serenidad en nuestro interior, sin ir a buscar grandes cosas al exterior, cosas que luego pueden resultar vacuas y fuera de lugar. En cambio, si actuamos sin criterio y sin discriminar, seguramente tendremos grandes disgustos.

Nueve en cuarto lugar
Buscar diversiones que no se corresponden con nuestra naturaleza puede perjudicarnos gravemente. La indecisión a la hora de elegirlas también es negativa. Hay que tener muy claro, en la mente y en el corazón, su carácter nocivo. Esto sí es positivo.

Nueve en quinto lugar
No hagamos caso a todas las personas que encontremos; no sigamos los malos consejos, quizá camuflados por la buena fe, porque serían perjudiciales. Estemos en guardia y observemos todas las situaciones con sentido común y equilibrio.

Seis arriba
Ir detrás de algo inútil o seguir a personas negativas puede convertir la vida en una barca sin timón víctima de las ráfagas de viento. En tales casos, ni el timón es suficiente. Recuperemos, mientras estemos a tiempo, nuestro «Yo».

59. HUAN
LA DISPERSIÓN

SENTENCIA
Triunfo
Es útil atravesar el gran río
Es útil la perseverancia

IMAGEN
El viento sopla sobre el agua
Los antiguos reyes ofrecían sacrificios
y erigían templos

Significado adivinatorio

En la vida ocurre a veces que uno debe encontrarse con su propio destino para resolver todo lo que le impide ser él mismo. Para hacerlo hay que fijarse en cómo los hombres adoptan actitudes que corresponden más a sus miedos que a la señal que indica el peligro real. Estos comportamientos se convierten en habituales y el hombre acaba por recorrer siempre los mismos itinerarios, convencido de que de este modo se protege. Esto a veces incluso le obliga a realizar rodeos muy largos que le hacen abandonar su camino. Entonces es necesario dirigirse a lo que nos libera como quien, atormentado por un dolor, busca a alguien que pueda curarle. Para que este encuentro se produzca se necesita un planteamiento adecuado para pedir la curación y para acoger la obra de la curación. Así los hombres de todos los tiempos han organizado fiestas para acoger las estaciones y para propiciar las esperanzas. Así, el carnaval fue inventado para liberar el cuerpo y los

espíritus de los límites soportados durante mucho tiempo. Del mismo modo, las cosas materiales eran ofrecidas en ceremonias religiosas para obtener la remisión de las culpas y de los miedos consiguientes. Cada persona es como un pueblo que, para reencontrar la cohesión interna, necesita liberar las tensiones para que circule la energía entre cada ser y se pueda realizar el bienestar común.

Aplicación práctica

Amor

Es necesario efectuar un profundo examen de conciencia y un análisis del tipo de relación que nos une a la persona amada o que creemos amar. Con toda probabilidad el egoísmo ofusca el sentido común e impide que se tenga una relación tranquila y gratificante. En cualquier caso, se prevé una separación a la cual no hay que oponerse. Más adelante se podrá reanudar sobre bases distintas.

Trabajo y finanzas

En este aspecto de la vida también es necesario aprender a contener las aspiraciones. Esto es válido para el trabajador asalariado y para el que lo hace por cuenta propia. Pensar exclusivamente en el provecho personal no favorecerá la actividad, y al final se podrá traducir en pérdidas. Reconsideremos nuestros planteamientos que hagan al caso.

Salud

Ha llegado el momento de reconsiderar globalmente nuestro modo de vivir que, a la larga, no cesa de producirnos molestias. El periodo presenta riesgo de enfermedades, dispersión de energía y pocas ganas de vivir. Hace falta mucho reposo, así como tener conciencia de lo que no funciona en nuestra vida. Cuidemos el corazón y, las mujeres, el seno.

Consejos generales

Con el hexagrama n.º 59, si queremos obtener lo que deseamos, hace falta desterrar el egoísmo y las acciones desconsideradas. Hay que aprender a fundir los nudos que nos impiden abrirnos a los demás.

Significado de cada línea

Seis al principio
Seamos observadores y, cuando veamos que están a punto de producirse malentendidos con las personas que nos interesan, pongamos remedio. Es perjudicial dejar que pequeñas dificultades se conviertan en grandes obstáculos.

Nueve en segundo lugar
Hay que ser optimistas de cara a las personas que nos rodean y no dejarse desviar por ideas preconcebidas. Tampoco alejemos a los demás con un aislamiento voluntario o con conductas ansiosas. Nos podríamos arrepentir.

Seis en tercer lugar
La visión de las cosas para ser objetiva no debe partir nunca de los intereses personales. La objetividad requiere prescindir del «Yo» en favor de una visión más general, útil para todos y no sólo para nosotros mismos.

Seis en cuarto lugar
Debemos hacer lo posible para estar por encima de los intereses personales propios o de quien sea. Si ahora renunciamos a cosas pequeñas, en el futuro seguramente alcanzaremos cosas mucho más grandes.

Nueve en quinto lugar
El momento es difícil y exige un gran salto cualitativo. Puede tratarse de una idea genial, de un planteamiento de vida distinto, de cambios circunstanciales. En cualquier caso, es necesario hacer algo para derrumbar la situación actual.

Nueve arriba
Ayudemos en todo lo posible a quienes nos rodean, y al hacerlo también nos ayudaremos a nosotros mismos. Es aconsejable alejarse de las amenazas de peligro y de las situaciones que se han mostrado negativas. Actuemos decididamente en este sentido.

60. CHIEH
LA LIMITACIÓN

SENTENCIA
Limitación amarga pero necesaria
siempre que no se prolongue demasiado

IMAGEN
Agua por encima del lago
el hombre superior lo adapta todo
de la manera correcta

Significado adivinatorio

Se cuenta que Oliver Cromwell, al pasar lista a sus soldados en las trincheras y viéndoles absortos en la oración, les dijo: «Creed en Dios, pero guardad la pólvora seca». Además de la fe en el triunfo de un proyecto, hay que tener en cuenta que todo lo que nos gusta y que deseamos debe ser perseguido con amor y sensatez. Si el amor es lo que cada uno cree que es, y por lo tanto va ligado al deseo que en cada uno asume sus peculiares características, la sensatez es lo que permite que el amor no se pierda en una expectativa inútil y sí, en cambio, siga unas reglas y unas leyes. Las leyes del corazón son las que cada uno tiene que seguir, y si es verdad que el corazón tiene razones que la razón no puede entender, también es verdad que un corazón débil tiene razones que la razón debe cambiar. No hay una regla válida para todos, ya que cada vida tiene su camino, y si cada camino conduce al final al corazón de los hombres, también es verdad que cada camino tiene sus propias reglas. Se trata de seguirlas para que el camino del corazón no se separe de la razón y esta pueda contar con un corazón fuerte, acostumbrado a las adversidades.

Aplicación práctica

Amor
Nuestros sentimientos no son totalmente claros y contrastados. Por este motivo no conseguimos comportarnos con naturalidad. Un exceso de escrúpulos acaba siendo deletéreo y nos impide proseguir la relación. Hay que deducir que no se trata de amor. En efecto, en una relación que dura desde hace tiempo pueden presentarse obstáculos de distintas naturalezas.

Trabajo y finanzas
Es necesario reflexionar seriamente y hacer un balance de la situación sin titubeos inútiles, a partir de lo cual decidiremos con calma lo que hay que hacer. Es conveniente adoptar un comportamiento

más que moderado, porque en este periodo no son favorables las acciones de largo radio. Vigilemos los gastos, que deberemos aplazar para tiempos mejores.

Salud

El cuerpo tiene su lenguaje y puede reaccionar negativamente cuando está sometido a acciones excesivamente enérgicas. Si trabajamos demasiado o demasiado poco, el cuerpo somatiza las tensiones nerviosas. Este es uno de los periodos en que esto puede ocurrir. Por lo tanto, debemos limitar la actividad a la espera de tiempos mejores, y cuidemos sobre todo los problemas nerviosos que nos afectan.

Consejos generales

El hexagrama n.º 60 aconseja moderación y sentido común en todos los ámbitos de la vida. Esto no significa tener que aplicar restricciones inútiles, sino sólo buscar un *modus vivendi* en donde estén bien definidos los derechos y los deberes. De este modo será más fácil evitar errores perniciosos.

Significado de cada línea

Nueve al principio
La discreción tiene que ser la base de nuestro comportamiento. También podemos tomar iniciativas o decidir los pasos a seguir pero sin invadir el campo ajeno. Por lo tanto, hay que ser muy cauto en las palabras y en los actos.

Nueve en segundo lugar
Hay un momento para descansar y otro para actuar. Ahora está llegando el segundo y es inútil dudar. Si estamos indecisos y no tomamos las decisiones oportunas, no hacemos más que crear otros malentendidos y otras dificultades.

Seis en tercer lugar
Es necesario imponerse unas reglas de comportamiento que no deben ser infringidas. No hay que exagerar en los gastos, ni en las diversiones y luego culpar a los demás. Si queremos remediar la situación seamos responsables de nuestros errores.

Seis en cuarto lugar
Imponernos nosotros mismos unas limitaciones necesarias solamente puede procurarnos resultados positivos y la obtención de los objetivos personales. La acción a cualquier precio conlleva el peligro de agotar la energía que más tarde podría ser mejor aprovechada.

Nueve en quinto lugar
Antes de pretender que los demás respeten limitaciones de cualquier tipo, hace falta aprender a autolimitarse. De esta manera el ejemplo que se da convence a los demás a adaptarse sin esfuerzo y sin protestas. Esta vía permite alcanzar lo que se desea.

Seis arriba
Es necesario marcar un límite a las limitaciones de los demás. En cambio, cuando llegue el momento, uno mismo tiene que estar dispuesto a aceptarlas hasta las últimas consecuencias, ya que esta es la única forma de superar los periodos de dificultades y de resolver los problemas.

61. CHUNG FU
LA VERDAD INTERIOR

SENTENCIA
Verdad interior y sinceridad
traen buena fortuna
Es conveniente atravesar el gran río
Propicio es perseverar

IMAGEN
El viento está por encima del lago
El hombre superior discute de leyes
pero suspende las penas

Significado adivinatorio

Cada hombre y cada mujer es una estrella y brilla con luz propia. Esta luz no puede ser ofuscada permanentemente y saca su energía de una miríada de efectos que son comprensibles sólo en una mínima parte. Se trata de la naturaleza íntima de la realidad en la que cada hombre y cada mujer puede ser fiel manteniendo la propia condición de ser dependiente y, a la vez, dueño y señor de su destino. En todo lo que se emprende se adopta la actitud idónea que consiste en reencontrar la propia esencia en la esencia íntima de las cosas. Cada acontecimiento está conectado con otro por una relación que no es simple causalidad o concausalidad, y el *Libro de las Mutaciones* se erige sobre esta base. Cada acontecimiento se relaciona con el otro, al igual que cada ser del universo, a través de un nexo que precede la realización concreta de los hechos y de los seres en su temporalidad. Entendiendo todas las cosas desde esta perspectiva, se comprende todo, y

todo lo que es comprendido no es más que algo en lo que todo se refleja. Así, quien quiera saber cuál es su destino, sólo tiene que seguir la verdad.

Aplicación práctica

Amor
Un sentimiento muy intenso y muy motivador está ganando fuerza día tras día. No se trata exclusivamente de atracción o de enamoramiento, sino de entendimiento total basado sobre todo en la estima y en la sinceridad. Con estas bases, el camino que podemos realizar juntos con la pareja no será nada difícil y las posibles dificultades serán superables.

Trabajo y finanzas
Tenemos ante nosotros el camino hacia el éxito, aunque debemos ser cautos a la hora de elegir a algunos compañeros. Nuestra situación es de mejora, pero si tenemos la intención de ampliar la actividad tenemos que cerciorarnos de que

sea de nuestro estilo. Sólo así podremos progresar. Y, al contrario, si queremos cambiar tenemos que estar seguros de que sea necesario.

Salud

Si hemos estado enfermos, podemos estar seguros de ir hacia una clara mejoría y de llegar a la curación completa. Si no tenemos problemas, continuaremos sin tenerlos, gracias al apoyo que nos dará la calma interior. Viviremos un periodo de serenidad y de pereza, que resultará muy beneficiosa. Hay que comer alimentos frescos y genuinos.

Consejos generales

Ante cualquier problema, o situación que debamos afrontar, tenemos que estar totalmente convencidos de lo que pretendemos hacer. Sólo así obtendremos lo que deseamos. Asimismo, es muy importante aprender a tener una visión objetiva, en lugar de un único punto de vista egoísta.

Significado de cada línea

Nueve al principio
Tenemos que basarnos sólo en nosotros mismos y en la validez de nuestras convicciones. Es inútil contar con los demás, e incluso puede ser contraproducente mantener relaciones secretas o tener ideas escondidas. La lealtad y la sinceridad son necesarias.

Nueve en segundo lugar
Seamos sinceros con nosotros mismos, actuemos de manera respetuosa, con se-

renidad, y el efecto sobre los demás será muy positivo. No habrá necesidad de gritar a los cuatro vientos nuestras intenciones, porque nuestro comportamiento bastará para convencer a los demás.

Seis en tercer lugar
Hemos de tener paciencia porque, en el estado actual, las cosas no dependen de nosotros sino de los demás. Esto puede ser más o menos agradable en función de las circunstancias pero, al menos por el momento, no podemos cambiar la situación.

Seis en cuarto lugar
No prestemos atención a los demás y sigamos el camino que nos hemos trazado sin mirar a nuestro alrededor y sin preocuparnos de sus actos, que no deben afectarnos en absoluto. Seamos humildes y a la vez íntegros en nuestras convicciones.

Nueve en quinto lugar
Seamos íntegros, sinceros, determinados y optimistas si queremos triunfar y que la gente de nuestro alrededor nos siga. No hay más opciones. Por el contrario, si nuestros actos no tienen las cualidades citadas, echaremos por tierra todo lo que ya hemos logrado y no podremos seguir adelante.

Nueve arriba
No hay que hablar por hablar o, peor aún, decir cosas que no son ciertas. Si en un principio podríamos ser escuchados con demostraciones de confianza, pronto se derrumbaría todo y viviríamos situaciones desagradables.

62. HSIAO KUO
LA PREPONDERANCIA DEL PEQUEÑO

SENTENCIA
Perseverar en las cosas pequeñas
no hacer cosas grandes
No es necesario volar alto
sino permanecer anclado abajo
¡Gran salud!
IMAGEN
El trueno está arriba en la montaña
El hombre superior actúa respetuosamente
en la dificultad se cubre la cabeza de ceniza
en los gastos se comporta con cautela

Significado adivinatorio

Cuando no se posee la energía necesaria para realizar una obra, es conveniente detenerse en lo que, aun pareciendo mínimo respecto a lo que se desearía, sigue formando parte del proyecto en su conjunto, sin perder el sentido global de lo que se hace. De no ser así, se correría el riesgo de hacer como la mosca cochera, que creía guiar el caballo en el que se había posado. Además, cada hombre y cada mujer a veces es un águila que vuela bajo como una gallina, y si es verdad que ninguna gallina vuela alto como un águila, un águila que no sepa volar bajo cuando es necesario no sabrá tampoco volar alto cuando tenga la posibilidad. Cualquier cosa que se aprende debe hacerse con mucha cautela y moderación. Es la única manera de dominarla y no se corre el riesgo de verse trastornado por algo que todavía no se sabe dominar. Además, los peligros se presentan inesperadamente a quien no tiene experiencia, y por muy dura de aceptar que sea

esta ley, es necesario asumirla como la mayor contribución al crecimiento de todos los seres que se deriva de la historia de quien, a pesar de tener virtudes en abundancia, confiando excesivamente en dichas virtudes, olvidó ponerlas a prueba con moderación. Esta es la razón por la cual la moderación es la más saludable de las virtudes, aunque, sin embargo, no por ello se trate de la más codiciada.

Aplicación práctica

Amor
Se trata de sentimientos no muy elevados o incluso con un fondo de mezquindad. O, por lo menos, son sentimientos más bien tibios que ciertamente no hacen presagiar relaciones importantes e interesantes. De nosotros depende que nos conformemos, pero seguramente no obtendremos grandes satisfacciones. De todos modos, si lo que queremos es tener a toda costa una pareja también puede funcionar.

Trabajo y finanzas
No descuidemos las cosas pequeñas, porque de ellas podría llegarnos una recuperación, aunque costosa. En el trabajo, por el momento, hay que conformarse con posiciones subalternas o incluso con las más humildes. En las finanzas intentemos ahorrar poco a poco, o efectuar pagos a plazos pero que al final nos permitirán ser propietarios de aquello que nos interesa.

Salud
Ha llegado el momento de restringir nuestro estilo de vida, modificando la alimentación y las diversiones. Si queremos sentirnos bien, durante un tiempo tenemos que conformarnos con pasar las veladas en casa, con alimentos pobres y poco condimentados. Todo lo que podemos hacer es realizar ejercicios gimnásticos que poco a poco harán soltar el cuerpo y nos harán sentir mejor.

Consejos generales
La consigna es «restricción» en todos los terrenos. Efectivamente, con la restricción se pueden obtener los resultados deseados en cualquier campo. Ciertamente las cosas bellas e importantes pueden gustar más, pero de momento tenemos que conformarnos con cosas más pequeñas y a veces no tan bonitas.

Significado de cada línea

Seis al principio
No hagamos cosas para las cuales todavía no estamos preparados si no queremos hacer un gran mal. Es necesario tener paciencia y conformarse con lo que ya está consolidado, hasta que llegue el momento de plantear cambios. No actuemos antes del momento oportuno.

Seis en segundo lugar
Seamos modestos y contentémonos estando al lado de quien está cerca de nosotros por sensibilidad, aunque sea menos importante que otros.

Nueve en tercer lugar
Vigilemos mucho nuestro comportamiento, aunque sepamos que tenemos la razón. Siempre hay enemigos en la sombra y, en este caso, preparados para entrar en juego. Cuidemos las pequeñas cosas, aquellas a las que no solemos dar importancia.

Nueve en cuarto lugar
Debemos mantenernos firmes por dentro y dúctiles por fuera para evitar incurrir en errores de valoración. No es el momento de actuar ni de hablar porque la situación no lo permite. Las dificultades son demasiado grandes y nosotros no tenemos suficiente fuerza.

Seis en quinto lugar
A primera vista podría parecer que la situación se resuelve positivamente a nuestro favor, pero sólo se trata de una impresión. A pesar de que tenemos las ideas claras, por el momento no podemos ponerlas en práctica. Sería conveniente encontrar a gente que pudiera ayudarnos.

Seis arriba
Los momentos son difíciles y, a pesar de ello, nosotros insistimos en tirar adelante las ideas o en dar comienzo a nuestras iniciativas. De hecho sería como escribir en el agua, y, además, nos perjudicaríamos inútilmente. Conformémonos con las pequeñas cosas.

63. CHI CHI
EL EQUILIBRIO FICTICIO

SENTENCIA
Triunfo en las pequeñas cosas
Al principio buena fortuna
Al final desorden

IMAGEN
Encima del fuego está el agua
El hombre superior piensa en las desventuras
y toma las oportunas precauciones

Significado adivinatorio

La postura erecta es el resultado de los esfuerzos del género humano, que se ha estabilizado en una posición determinada, por considerarla la más satisfactoria. Esto representa una conquista todavía por producirse, ya que el equilibrio alcanzado progresivamente deberá ser superado con un nuevo avance. Del mismo modo, en el interior del hombre y en el seno de la sociedad coexisten una tendencia a avanzar y otra a retroceder. El punto de equilibrio entre las dos tendencias es sólo temporal, y se logra como cuando dos adversarios tiran de una cuerda, que raramente tienen fuerzas idénticas. Por otro lado, ambas posiciones son necesarias para que la cuerda se mantenga tensa y ninguno de los contendientes se caiga hacia atrás. Sobre esta cuerda caminan los hombres que intentan conquistar y conservar un equilibrio que se pierde cada vez que se efectúa un paso para avanzar. Así, cuando se ha terminado una tarea se tiene que saber cuál es la otra tarea que nos espera, y también que las cosas que se han llevado a cabo deberán transformarse en otras cosas, como las cartas de una baraja que, a pesar de ser siempre las mismas, al mezclarse dan configuraciones distintas cada vez.

Aplicación práctica

Amor
Es un sentimiento fuerte e intenso al inicio, pero que probablemente no tendrá una larga vida. Los pequeños problemas de cada día o algún hecho inesperado pueden trastornar súbitamente la situación. Hay que esforzarse en redimensionar las emociones y, en cualquier caso, hay que estar preparado para cualquier eventualidad. Tenemos que actuar y afrontar la situación con mucha calma.

Trabajo y finanzas
Aunque nos parece que todo funciona de la mejor manera, y que nuestra situación laboral y financiera es espléndida, tene-

mos que ser metódicos y prudentes en todo. Evitemos adquirir compromisos incómodos, no contraigamos deudas, no ensanchemos demasiado nuestro radio de acción, y en cualquier circunstancia optemos por la vía del medio. Es preciso que estemos siempre alerta y preparados para afrontar acontecimientos imprevisibles.

Salud
Nos encontramos bien, nada que objetar. Si últimamente hemos estado enfermos, ahora nos encontramos en plena recuperación. Pero lo imprevisible siempre está al acecho y, por lo tanto, no tenemos que abusar de nuestras fuerzas. Procuremos llevar una vida moderada, no nos acostemos tarde por la noche y comamos con moderación. Además, tenemos que abolir casi por completo el alcohol, y evitar el exceso de trabajo. No al *stress*.

Consejos generales
En cualquier situación que nos encontremos y ante cualquier problema que debamos afrontar es necesario comportarse con una diplomacia extraordinaria, si no queremos perder todo lo que habíamos logrado. Además, también es indispensable prudencia y previsión, que nos permitan afrontar cualquier problema imprevisto.

Significado de cada línea

Nueve al principio
En medio del entusiasmo general es vital mantener la calma y no dejarse arrastrar. Debemos tener presente que si logramos no excedernos en nuestros actos podemos evitar consecuencias desagradables.

Seis en segundo lugar
No hay que pretender obtener a toda costa lo que en este momento no es posible tener. Si tenemos la paciencia de esperar, lo que nos corresponde volverá a nosotros sin esfuerzo. Pero, por ahora, no contamos con el apoyo suficiente.

Nueve en tercer lugar
En este periodo concreto la expansión no es aconsejable. Mejor mantenerse donde estamos o, como máximo, pedir consuelo o apoyo a quien es más fuerte que nosotros o tiene más experiencia. Evitemos confiarnos a personas de integridad dudosa.

Seis en cuarto lugar
Podría presentarse algún problema referente a algo que tendemos a no tomar en consideración. No obstante, esto podría marcar el inicio de un periodo de decadencia. Por lo tanto, analicemos cada cosa intentando comprender los motivos más recónditos.

Nueve en quinto lugar
No hace falta que nos preocupemos si alguien, a nuestro lado, se comporta de manera más aparatosa y hace regalos importantes, quizá para llamar nuestra atención. No intentemos imitarlo porque es más importante nuestra sinceridad.

Seis arriba
Un último consejo: no estemos demasiado orgullosos de lo que hemos realizado y no esperemos cumplidos de los demás. Seamos más bien reservados, no hagamos ostentaciones y estemos preparados para afrontar todavía algunas dificultades.

64. WEI CHI
LA ESPERANZA EN EL FUTURO

SENTENCIA
Triunfo
Pero si la zorra pequeña
al llegar a la otra orilla
después de haber atravesado el río helado
se moja la cola
entonces nada es propicio
IMAGEN
Sobre el agua hay fuego
el hombre superior sabe discernir
la naturaleza de las cosas y los lugares
que ocupan

Significado adivinatorio

Todo lo que existe en el universo, así como el propio universo, tiene una forma circular dentro de la cual realiza un trayecto que conduce a su realización. Cada hombre y cada mujer tiene una misión que realizar, un destino que seguir, una totalidad que alcanzar. El camino está cerrado en sí mismo como la órbita de los planetas o la configuración de las estrellas en el cielo. Los influjos de las energías universales guían a cada hombre y a cada mujer hacia su porvenir. Y todos tenemos un papel en este porvenir que nos hace seguir las leyes o alejarnos. Entonces, es necesario conocer los materiales de lo que hay que tratar, ya que dichos materiales son la esencia misma de la vida y el medio a través del cual todas las cosas se cumplen. Cada uno tiene un lugar, y alcanzarlo puede expresar todo su potencial personal. Pero antes de que cada uno alcance su lugar es conveniente que al deseo natural de realización se una la capacidad de entrar en sintonía con las leyes de la realización. Estas leyes hacen que nunca se esté solo ante el propio destino y que no haya necesidad de apresurarse como queriendo obtener a toda costa su apoyo, ya que el apoyo necesario está en las cosas mismas que lentamente nos guían hacia la realización.

Aplicación práctica

Amor
Hemos entablado o deseamos entablar una relación de desarrollo muy lento y no siempre fácil. Es necesario que renunciemos a algo que nos va a costar más de lo que creemos. Sin embargo, no hay más caminos. La esperanza de obtener un resultado existe, pero también existe el riesgo de un fracaso.

Trabajo y finanzas
Si trabajamos en el plano intelectual es posible que tengamos que afrontar y superar unas dificultades que pueden resultar necesarias para realizar un salto cualitativo. De todos modos, no hay

que tener prisas y sí moverse con cautela. Una conducta impulsiva sería perjudicial y bloquearía el enfoque positivo de las cosas.

Salud
Vamos por el camino de la curación total o, en cualquier caso, tenemos la impresión de encontrarnos bien y de estar recuperados. Esto nos predispone a ser descuidados o a no tener la cautela necesaria en la vida de cada día. En consecuencia, corremos el riesgo de recaer o de enfermar repentinamente a causa de alguna imprudencia. Además, se necesita mucho reposo.

Consejos generales
En cualquier tipo de empresa que queramos llevar a cabo es necesario tener cautela, apoyos, disposición de tiempo y calma interior. Si faltan estas premisas nos estaremos esforzando en vano, con todas las consecuencias que esto conlleva. Seamos muy cuidadosos en la elaboración de nuestros proyectos.

Significado de cada línea

Seis al principio
Las ganas de sobresalir y de alcanzar un buen puesto hace perder el sentido de la medida. Al no tomar en consideración nuestra falta de experiencia, cometemos errores de comportamiento de los cuales tendremos que arrepentirnos.

Nueve en segundo lugar
A pesar de ser capaces e inteligentes, no logramos obtener todo lo que nos proponemos. Tengamos calma y paciencia, y no perdamos la meta de vista. Las cosas irán mejorando sin duda progresivamente.

Seis en tercer lugar
Aunque la situación parece aconsejar una acción o una toma de posición, todavía no es el momento de hacerlo y cualquier iniciativa sería perjudicial. Tenemos que reconsiderarlo todo y empezar de nuevo con la ayuda de alguien a quien apreciemos.

Nueve en cuarto lugar
Si queremos dar por acabado algo que no puede continuar, debemos pasar a la acción, y esto nos permitirá iniciar una nueva era. Es el momento de hacerlo y el cielo nos puede ayudar. No hay que temer nada. Actuemos con confianza y ponderación.

Seis en quinto lugar
Estamos obteniendo lo que deseamos y es precisamente ahora cuando tenemos que demostrar nuestra generosidad y la fuerza de nuestra personalidad. Estamos rodeados de personas que nos aprecian y que nos aman, y finalmente podremos estar tranquilos y exhalar un suspiro de alivio.

Nueve arriba
Finalmente, están a punto de producirse los resultados que deseábamos desde hace tiempo. Esto nos provoca euforia y nos incita a festejar el éxito antes de que este se cumpla. Bien. Pero estemos atentos en no olvidar algo importante, si no queremos perderlo todo.

El tao del *I Ching*

Epílogo de Gabriele Maggio

médico cirujano, psicólogo,
doctor en psiquiatría y sociología

Imaginemos un hombre que no ha visto nunca un reloj: lo encuentra e intenta descubrir su función.

Lo mira, lo observa, espía maravillado su movimiento; luego lo abre, descubre sus mecanismos, fatalmente los altera, y finalmente se dispone a diseñar un plano para reconstruir la ingeniosa maquinaria. Para sacar alguna conclusión debe disponer de un cierto saber, un saber referencial: sobre el tiempo, en primer lugar, y sobre la necesidad de poseer el secreto para disfrutar de él.

Realiza conjeturas acerca de las influencias posibles y determinables, descubre la correlación entre el movimiento interno y el de las manecillas, y entre ambos y lo que transcurre entre su pregunta y la respuesta que obtiene: un cambio, que es un tiempo, el tiempo de una reflexión. El *I Ching* es un mecanismo de este tipo, y el hombre que lo interroga no es más astuto y competente que aquel hombre con el reloj en la mano. ¿Cuánto tiempo tardará en descubrir su significado y en tener confianza en sus respuestas?

En efecto, el *I Ching* parece un libro, pero es una máquina: una máquina para realizar interpretaciones.

Unida a otra máquina, el cuerpo del consultante que echa las monedas, mantiene con este último una relación idéntica a la que une el cuerpo del propio consultante con el sujeto de la consulta.

Una estructura mecánica relacionada con una estructura psicosomática, un mecanismo biomecánico, un todo.

Tanto es así que libro y consultante se convierten el uno en prolongación del otro.

¿Qué resultado se puede esperar de un mecanismo similar, un gato y una zorra compañeros de una marioneta de madera que indaga acerca de los hilos que, al sostenerla, la retienen y a la vez la arrastran hacia su destino?

El apetito de una respuesta llega al consultante del oráculo.

Las monedas sembradas en aquel campo hacen crecer una planta, con tantas ramas como líneas contiene el hexagrama, y un fruto, el del tiempo designado. Un tiempo y un destino.

161

La oscuridad del texto parece reflejarse en la ignorancia del consultante, pero mientras el intérprete está condenado a ver en el supuesto saber del otro su reflejo nublado, el libro pierde progresivamente su inercia, adquiere vida y se descubre como elemento de todo lo que es la máquina significante, el monstruo adivinatorio que transforma a cada consultante en una Sibila postulante.

Es más, se descubre como el amigo, el mejor de los amigos, que escucha, que da una opinión cuando se le pide, que no se extiende en habladurías, que comprende, y que en cualquier caso deja hacer.

Y todavía más, se descubre como un maestro, de aquellos que buscan continuamente hombres que quieran liberarse: del ansia, de la ignorancia, del dolor y de sí mismos.

Aquellos maestros que pueden ser apartados, como la respuesta cuando no es satisfactoria, y luego vuelven, quizá bajo otros hábitos, inexorablemente, o pueden ser amados intensamente, y al final matados y a continuación superados, definitivamente, dentro de uno mismo.

Consultemos el hexagrama n.º 4, la inexperiencia juvenil. Es el alumno que va al maestro, no el maestro al alumno: es necesario meditar palabra por palabra el discurso del maestro.

Hace falta tomarse unas distancias y un tiempo. Y así, igual que el reloj, la máquina empieza a funcionar.

No se sabe realmente por qué. Todo son conjeturas. Y sin embargo se mueve, e indica un periodo, el de la articulación de la respuesta en el tiempo.

Ciertamente no se trata del mismo tiempo que el del reloj. Es un tiempo sutil y aparentemente indisciplinado. Lento al prepararse, quizá fulgurante al

manifestarse, a menudo demasiado breve, pero más veces demasiado largo: su regla, se dice, es el gran tao.

Entonces si es el tao que se oculta en el tiempo, es mejor realizar una aclaración, y valga una vez por todas: lo que diremos es falso y la opinión basada en estas palabras es insensata.

De este libro no se puede hablar, sólo se puede escuchar.

Pero como sea que continuamos hablando de él, hay que pensar que el *I Ching* puede ser comprendido de formas muy particulares y distintas, como si hubiera que identificarse con él y repetir sus palabras.

Es un modo evidentemente irracional, en donde se trata de perder la propia razón y cambiarla por la de otro, en una condición parecida a la que la mística occidental ha definido como Arreton, lo que se dice de Dios que es inmediatamente la palabra de Dios sobre sí mismo, un No-dicho que es inmediatamente y siempre diciente.

En todos los casos aquello de lo que no se puede hablar y que es oportuno callar.

A pesar de ello, como ya se ha hecho notar en varias ocasiones, la mística siempre se ha mostrado muy elocuente y, esto lo añadimos nosotros, a veces excesivamente locuaz.

Seguiremos hablando de él, poniéndonos conscientemente en el lugar de quien rompe el juguete para estudiar su interior, y lo descubre vacío, y su funcionamiento, reducido al eco de nuestras suposiciones.

Esta es una posición buena para todo, para la vida entera misma, la vida en su conjunto.

La convertiremos en un libro, igual que se dice que de una vida se hace una novela, sólo que, insistimos, no se trata de un libro, aunque se presenta como tal, sino de una máquina, una máquina acústica. Y si comparte con el libro la forma, de la máquina toma la estructura: una máquina seductora.

Literalmente: esta máquina lleva en sí y despliega sus efectos cuanto más el consultante, que la pone en marcha con el lanzamiento de las monedas, sigue su movimiento y confía en ella sin oponer resistencia.

Ya lo habíamos anunciado: el *I Ching* es un modelo, todo puede ser interpretado en función de todo, cada cosa se corresponde con otra cosa en otro plano distinto. El *I Ching* no es más que un modelo de esta ley universal de la correspondencia.

Es más, todo puede ser movido en lugar de otra cosa. El lanzamiento de las monedas es simplemente el ser lanzado al mundo, cada vez con un inicio nuevo. El lanzamiento de las monedas, por lo tanto, implica la suerte, que es precisamente lo que uno quiere saber. Tres, porque la suerte deriva de la combinación de las cosas, y las cosas se combinan en tripletas, al igual que el sujeto de la suerte, en su anunciarse, negarse y anunciarse de nuevo enriquecido por la experiencia, al igual que la dinámica reflexiva, con la que reflexiona y el resultado de la reflexión.

¿Qué hago yo aquí? ¿Qué tiene que ver esto conmigo? ¿Cómo acabará?

Dialéctica del conocimiento y estructura de la realidad unen aquí al hombre con su destino, el de un ser reflexivo que toma en la reflexión el sentido de su existencia, que siempre es otra que la que él espera: es lanzado hacia ella, mejor todavía, cae en ella, como un fruto maduro. Y en esta caída,

que naturalmente no se produce de una sola vez, sino que se va renovando ante lo que para él significa la realización de una manifestación, es esta misma caída la que otorga poder al predestinador ante el sujeto. Esta le da vida, por así decirlo. Pero el destino ya había sido puesto en tela de juicio, con la intención misma de echar las monedas.

Es otra forma de decir que del *I Ching* se obtiene lo que ya estaba en el consultante, aun ignorándolo, y que solamente una máquina reflexiva puede manifestar, como su reflejo, un reflejo de pensamiento.

Las monedas, al igual que las medallas, tienen dos caras, una visible, manifiesta, que describe las cosas tal como se aparecen, y otra oculta, latente, pero siempre operante. Una es a la otra como las dos imágenes del símbolo que indican el movimiento global de lo real, la dialéctica dentro de la cual se da la suerte. Esta última no es más que el terreno de elección del tema, unido con su reflejo, y finalmente el tiempo de un movimiento que es mutación, el del ser, o sea de la dinámica reflexiva en su conjunto, que se dispone en dos direcciones, del que reflexiona y de la reflexión, del que produce y de lo producido. Pero también podríamos decir que es el tao el que se dispone, en el yang y en el yin, cuando crea la teoría infinita de los seres.

El movimiento de la máquina, por consiguiente, adquiere un doble valor simbólico: por un lado «las cosas de la vida», que insisten en la polaridad representada por las dos caras de la moneda —hecho que implica continuamente el campo de mutación de la una a la otra—, y por el otro, es el sujeto de la mutación que se sitúa reflejándose sobre ambas y relaciona el símbolo con la dialéctica viviente de la realización.

En el centro, el lanzamiento de las monedas al vacío hace las veces de un embrague que, uniendo al consultante con la ley de la cual el libro es un reflejo, permite que se engrane la marcha. Es una marcha de producción, de producción de significados y, en consecuencia, de interpretaciones. A partir de ahí las cosas siguen un cierto curso, que al consultante corresponde entender.

El *I Ching* plantea el problema de la interpretación dentro del marco de una relación entre la ley y la suerte.

A este nivel, la conciencia del consultante se revela como un reflejo primario de la dinámica reflexiva total. Nada trascendental: es un reflejo percibible como necesidad por parte del individuo y de la especie, según unas necesidades que hereda de su pasado animal. Una necesidad primaria de conciencia, como la necesidad de comida, de bebida, del sueño, de sexo, en una palabra, como la necesidad de poder sobre las propias necesidades y sobre las de la especie.

Por otra parte, el consultante es experimentable, con sus ideas, sus sensaciones y sus sentimientos, sólo a partir de la inhibición de toda aquella reflexión con la que desearía responder a la pregunta sobre la suerte con un poder inmediato de respuesta.

Este conjunto de reacciones se encuentra con el hexagrama como un factor de inhibición de la respuesta inmediata.

Ahora bien, la necesidad de inhibición es una norma que proviene de la estructura del *I Ching*, y de la cual el consultante prescindiría de buena gana.

El hexagrama mantiene de por sí al consultante en un estado de tolerancia energética. De este modo la energía se acumula y se concentra en el consultante, igual que se ha determinado en el conjunto de líneas reunidas en el hexagrama: siempre que no se tire el libro contra la pared de la obtusidad propia o de la habitación.

Hay que admitirlo: la inhibición, con la consiguiente reflexión, es necesaria para que haya un consultante operante en la mutación, es decir, para que la dinámica de la mutación se encarne coherentemente en un producto.

Dicho producto puede ser coherente con la estructura universal de la cual el *I Ching* representa un modelo, es decir, con su ley, o bien incoherente respecto a esta última, y constituir algo ilícito dentro de aquella estructura. O bien el bloqueo; la inhibición puede construir materia integrada como manifestación del principio vital del hexagrama o producir una alteración energética que acaba en lesión.

Aquí se debe elegir: o bien se confía en el hexagrama y se aflojan las amarras, o bien se tira el libro y se va a parar a cualquier parte.

Pero si se deposita la confianza en él, uno se vincula a una ley paradoxal que enuncia la forma de ser dueño de uno mismo.

Este es el parecer del *I Ching*: sólo se puede mandar sirviendo. Esto representa la paradoja de la condición humana: que sólo se pueda fundar una ley transgrediéndola.

Es precisamente la interiorización de esta ley lo que constituye al sujeto humano como alguien que sabe impedir la necesidad inmediata de poder, mediante su pulsión en los productos de la cultura.

Esta es la razón por la cual la inhibición a la satisfacción inmediata que el hexagrama impone, si se le obedece, implica ya de por sí la mutación, cuyo primer producto consiste en una modificación del yo del consultante que se diferencia en la superficie de su alma interiorizando aquella inhibición como ley.

Pero quizá hablar de inhibición puede molestar a alguien. Digamos que se trata de dilación: no querer inmediatamente enseñar a esperar.

El hexagrama es una sentencia, y luego una imagen, y el yo del consultante se refleja en ellas. Puede gustar o no, pero aquella imagen implica un juicio de valores sobre el tema de la consulta. Es una manera de decir que el consultante sabe de sí mismo poco o nada, pero que puede, en referencia a su pregunta, saber que sabe algo, o poco, o nada.

Digamos que está dividido: un poco sabe que sabe, y es su consciencia. Un poco sabría que sabe, y es la preconsciencia. En cambio, un poco no quiere saber nada, y es su subconsciente. Lo que el *I Ching* nos invita a considerar es la relación entre estos estados del ser y la memoria del consultante que está en juego en la pregunta como conjunto de indicios relacionados con percepciones o indicios de percepciones. En efecto, la lectura del hexagrama es un fenómeno perceptivo, antes de ser un trabajo de consciencia.

La lectura del hexagrama da lugar a una respuesta consistente en primera instancia en la actividad de percepción y en la rememorización del indicio perceptivo que ensancha los límites de la consciencia del consultante. Por lo tanto, se trata de reflexionar, que es otra forma de repetir, de recordar, de reelaborar. Hay que pasar por ello, o de lo contrario se repite lo ya visto, todo

permanece como antes, nada cambia. Anteriormente hablábamos de la relación entre la ley y la suerte. Dado que el sujeto a la suerte es siempre sujeto imaginario, sujeto a acontecimientos sobre los que se pide que se haga la luz, sujeto oscurecido por la adhesión inmediata e imaginaria a las circunstancias, la reflexión sobre el símbolo hace posible aquella distancia reflexiva mediante la cual el sujeto se ve en la conexión entre los acontecimientos de aquel imaginario del cual antes no se distinguían los contornos y la máquina del símbolo que atrapa lo imaginario en la estructura dialéctica de la reflexión, que luego es la misma estructura de lo real.

El lanzamiento de las monedas adquiere de esta forma el valor de una adaptación a la ley, ley universal, dicen los taoístas: en cualquier momento se producen las condiciones gracias a las cuales un símbolo llega a ser operante, se trata del punto de inicio.

Sea cual sea la historia previa, esta no es más que el conjunto que ha producido aquel símbolo como su prolongación, su singularidad y su posibilidad de transformación. En resumen, la historia se refleja en el símbolo y concluye en él, y el sujeto es quien debe considerar el proyecto simbólico como su propio proyecto.

Naturalmente, la relación es sincrónica, no causal: el sujeto de la pregunta se produce en el mismo tiempo del hexagrama y este último en el mismo tiempo en que se alinea, en el movimiento real de las cosas, una representación, aquella que es indicada por el hexagrama, como las manecillas del reloj analógico indican con su posición el tiempo al instante.

Sincronicidad, tal como había observado Carl Gustav Jung, es el tiempo simbólico, un tiempo que viene junto a sí mismo como si fuera su doble. Existe el tiempo transcurrido y que ya no está, y el tiempo que ha de venir y que todavía no está. En el umbral de este tiempo nuevo, las monedas dibujan un límite que es el de la elección y de la reflexión. Este tiempo es el único que efectivamente tiene valor y es real, puesto que es el tiempo en el cual las cosas se ordenan dentro de la estructura simbólica.

Es la gran fuerza domadora: «... así el noble aprende a conocer muchas palabras de la antigüedad remota y muchos hechos del pasado».

A partir de este tiempo del inicio, el pasado puede ser redimido con la reflexión, o su lección repetirse y recaer en el silencio: la repetición, el pasar las cosas sin un orden que las haga reconocibles, la condena al retorno de las cosas sin memoria de sí mismas encuentra el lugar para hacerse creación; creación de un tiempo nuevo, que es nueva vida y nuevas posibilidades de existencia.

Es necesario creer en ello, no basta en afirmar que se conoce la dinámica de este proceso.

Y hay más: es necesario obedecer con alegría. Se trata de una verdadera fe, fe en una redención de las cosas y de sus sujetos, fe en la posibilidad de un porvenir que libere al consultante de las dificultades actuales —puesto que el sujeto de la suerte es siempre el sujeto de las dificultades—; fe, además, que es confianza en Otro que sabe y que con su palabra hermética, profética, densa y aseverativa sabe ordenar el material de la memoria y lo imaginario del sujeto en una estructura que es la estructura cósmica de la totalidad.

Por esta razón se dice que el *I Ching* es noble y su respuesta es para el noble: el noble, aquí, es quien trasciende el Yo en Otro.

Es verdad que si el *I Ching* se presentara como una excepción, un oráculo vidente en un valle de ciegos, sería un charlatán, quien se dirigiera a él un interesado, quien lo recomendara un estafador.

Pero no es así. El *I Ching* no es una excepción, sino sólo el modelo de una posible relación con lo real, modelo de un componente mecánico cuyas connotaciones son las de cualquier otro elemento real, que se ve más claro cuando se desmonta su mecanismo.

Debemos insistir una vez más: hay que creer y tener confianza en ello, puesto que se requiere un impulso que es más que la simple interrogación infantil cuando se contenta viendo cómo se diluye su ansia de pregunta.

Hay que llegar hasta el fondo de las cosas y de uno mismo. Además, el ritmo interactivo de la consulta permite una nueva pregunta y nuevas respuestas, hasta que el sujeto no se apropia del saber del texto, no se reconoce claramente en él.

No se trata aquí de la estructura metafórica de lo real como representación infinita de las semejanzas posibles entre las cosas, sino de la construcción en donde se sostiene sin derrumbarse sólo aquello que está bien asegurado al conjunto de los sesenta y cuatro hexagramas, que siempre es más que la simple suma. Esto explica por qué se necesita la fe verdadera, que es verdadero amor por la verdad de Otro, porque la verdad sólo es posible a partir de otro que sirve de testimonio y el Otro cuyo lugar ocupa el libro y aquel Otro que en el consultante necesita la verdad tanto como su casa, una casa que se mantiene de pie sin derrumbarse.

De esta manera, verdad y necesidad tienen su punto de encuentro en la pregunta hecha lanzando las tres monedas, al cual se opone al mismo tiempo la composición del hexagrama y la sentencia. A la pregunta del sujeto que experimenta el deseo se opone, de este modo, la respuesta, en tanto que satisfacción de la necesidad de pregunta, que es necesidad de verdad, o bien de revelación de lo imaginario por obra de lo simbólico, antes todavía que el deseo de satisfacción, que es a su vez el ansia que motiva en el sujeto el egoísmo de su acercamiento al problema que la verdad le plantea.

Ambos puntos de vista son posibles, depende del sujeto que prevalezca el uno o el otro. Pero, tanto en uno como en otro caso, la realidad de la que habla el *I Ching* siempre tiene que ver con la verdad, el poder y el deseo; cada cual debe preguntarse de qué y de quién se trata en el fondo.

Por otra parte, la realidad, tal como la describe el *I Ching*, está estructurada de manera unitaria: no hay elemento concreto de la realidad que no esté relacionado con el conjunto de los elementos reales. Por tanto, ningún acontecimiento es casual, sino que cada casualidad adquiere su valor como elemento de un todo que se ha de producir, dentro del cual la mínima parte tiene sentido en tanto que parte de un todo que la trasciende doblemente, en tanto que límite del pensamiento que tiende a ella y la circunscribe, y en tanto que sujeto auténtico de la revelación de su significado.

La realidad está implicada en una dinámica conocible dentro de la cual tiende a conocerse a sí misma a través del conocimiento de cada elemento individual que la compone como instrumento de su propio conocimiento, y de la cual el hombre es partícipe por obra de su propio conocimiento progresivo.

Atención: aquí es Lao Tsé, el libro, no Kung Tsé, el consultante que «... se sintió realmente a disgusto cuando, habiendo consultado el oráculo por un asunto importante, obtuvo como respuesta el signo El Encanto», (*I King. El libro de las mutaciones,* Astrolabio, Roma, 1950, pág. 137).

Aquí el *I Ching* representa un modelo que debe haber sido pensado él mismo como elemento de la dinámica universal. El *I Ching* no está fuera de la realidad, no es lo ideal, no representa en absoluto una excepción, sino que constituye el modelo de una visión que recoge cada elemento de la realidad como un signo dentro del cual está inscrito el sentido de cualquier otro elemento.

Si pensamos en el *I Ching* como una excepción, este reflejará ni más ni menos que el límite de nuestro pensamiento que separa de sí todo el porvenir de lo real, los efectos de sentido que se derivan de cada pensamiento nuestro, el conjunto de las causas que determinan el hexagrama en su singularidad. En este sentido, el *I Ching*, como todas las demás cosas, es un espejo en el cual se refleja el consultante y que, naturalmente, sólo puede hacerlo por una sola cara.

Esta es la razón por la cual sería oportuno no olvidar nunca que en el *I Ching* todo trae consigo su contrario, así como el tao es el contrario de todo, se manifiesta porque permanece oculto, se define sin tomar un nombre.

La diferencia con cualquier otro elemento de la realidad consiste quizás en su ser perfectamente artificial, un espejo cuyas líneas de reflexión han sido calculadas atentamente, para no introducir aberraciones, distorsiones, manchas, encegamientos.

Aquel conjunto de causas que determinan el hexagrama es siempre el conjunto de todos los elementos reales. Nada puede quedarse fuera, nada puede ser considerado ininfluente, y la respuesta los refleja a todos, basta con atraparlos con la mirada, sin olvidarse del contrario de todo lo que se ve.

Si, por un lado, el *I Ching* termina con el hexagrama que prelude el nuevo inicio —en una circularidad cerrada en sí misma—, su objetivo es conducir poco a poco al consultante por círculos espiraliformes que le guían al centro mismo de lo real, en donde no hay más elemento que no sea el signo dentro del cual está inscrito el sentido de cualquier otro elemento, en donde, en efecto, no hay signo que no sea libro dentro y a partir del cual se reencuentra el significado de una totalidad en perenne porvenir.

La totalidad, por lo tanto, es la primera enseñanza del *I Ching*. Es una totalidad mental realizable en el consultante, en el doble significado por el cual la realidad tiene una mente —y es el conjunto de sus relaciones— y es una mente —es decir, su esencia es una esencia mental— y se compone y se confronta en la mente del consultante, en tanto que resultado final de su práctica, práctica discursiva, práctica que desea, práctica de verdad, práctica de poder.

Llegados a este punto, si referimos la totalidad de la dialéctica reflexiva, que es lo mismo que decir el gran tao, a la totalidad representada por la estructura interna del *I Ching* con su dinámica de consulta, es necesario evitar, en

la medida de lo posible, una concepción formal, una visión abstracta, allí en donde la totalidad se nos aparece sustancialmente como límite más allá del cual se pierde la extensión imaginaria de una visión que desea.

Esta es la razón por la cual la auténtica sede del significado del hexagrama es una visión concreta y precisa de la totalidad, que nos trasciende como la visión de un dios.

En la medida en que el significado pertinente de la pregunta del consultante tiende a convertir la visión del consultante en la visión de un dios —mientras sepamos que el significado de sus conductas y de sus ideas está vinculado siempre a la visión humana que precede a aquella visión, y lo está necesariamente incluso cuando haya reflexionado sobre el significado de su existencia— debemos liquidar rápidamente aquella pregunta, así como nuestras mismas reflexiones, en tanto que vestigios de una forma de consciencia ahora ya superada. Salvo que luego no nos veamos obligados a reconocer que la existencia del consultante se expresa todavía y «pesadamente» a través de aquellas ideas y aquellas conductas.

Pero si afirmamos que existe un momento en que es posible la identificación con una visión divina, tenemos que reconocer la coherencia entre lo que el consultante dice de la realidad y lo que la realidad dice de sí misma a través del consultante y, por lo tanto, debemos interrogar a lo divino, a partir de la consciencia de que en dicha interrogación lo divino está comprendido y al mismo tiempo comprende.

Se trata, pues, de experimentar a través del *I Ching* una noción de lo divino que verifique la experiencia concreta del consultante: un divino, este, que lanza las monedas al vacío en cada instante pensable, según una estructura de la respuesta que es adivinada, es decir, adivinada porque siempre es coherente con la pregunta formulada.

Cada pregunta posee en ella misma un significado extraordinariamente amplio respecto a sus conexiones con cada elemento «físico» que la compone, que da razón de su historia como historia de la totalidad y, por lo tanto, como expresión de la relación entre la visión concreta de un dios y la visión abstracta del consultante.

Estructura de la consulta, estructura de la dialéctica del conocimiento en el consultante, estructura del porvenir de la realidad en la manifestación, estructura, finalmente, del hecho adivinado no representan más que otros tantos planos, cada uno de los cuales se superpone al otro como resultado de la pregunta que toma lo real en el instante de la manifestación.

Por otra parte, la praxis de consulta tiene que ver con aquellos hechos físicos, las ideas, las aspiraciones y las conductas de los sujetos de la consulta que precisamente son puestos en tela de juicio por la pregunta que es formulada al *I Ching*, mientras que el *I Ching* pone en tela de juicio la coherencia con los principios y las leyes que orientan aquellas ideas y aquellas conductas, y con las leyes universales de la manifestación.

Entonces, ¿por qué confiarse a un gesto, el lanzamiento de las monedas, ingenuo, inocente y carente de control, y no aplicar esta norma a la solución del problema que se plantea al *I Ching*? ¿Por qué no ser igualmente tan aparentemente desconsiderados? Sobre este fondo paradójico es donde el *I Ching*

adquiere todo su valor: reconduce al hombre, mediante la respuesta que indica con su letra la virtud del momento, al tao inefable.

Desde el punto de vista de la visión unitaria del hombre y del cosmos que el *I Ching* quiere representar, se trata de la relación del hombre con el tao: la virtud, la justicia, el ritual ponen en escena las modalidades.

Ante todo, ¿qué es para el *I Ching* la virtud, sino el comportamiento de un hombre en tanto que tal? ¿Qué es este comportamiento, sino palabra? Se refiere a la alimentación y a las cosas con las que un hombre intenta llenarse la boca, recita el hexagrama n.º 27.

Entonces la virtud es la palabra, y el hombre es la virtud, en tanto que la virtud define al hombre por lo que es, es decir, un ser parlante. Se refiere a un hombre y descubre su virtud: cuánto de hombre hay en aquel hombre.

Pero no todo es tan fácil, al menos al escuchar a Lao Tsé: una virtud tiene una virtud porque no se considera virtud.

El considerarse virtud hace de una virtud menos que una virtud: es el considerarse tal que detrae, ya que un hombre que debe actuar para demostrar que lo es, es menos que un hombre, mientras que un hombre que no actúa, porque no tiene razón para actuar, siendo de por sí, virtud.

Entonces, ser no tiene necesidad de actuar, actúa en tanto que ser y por ninguna otra razón.

¿Cómo es posible esto? Porque la virtud es un actuar sin otra razón que el ser, el actuar, la virtud del hombre. Puesto que el ser del hombre es el tiempo, y el actuar es el ser en el tiempo.

Ser, actuar, virtud, hombre, no son más que la misma realidad del tiempo que no necesita otra razón que no sea el ser, el actuar, su virtud.

El tiempo del *I Ching* es este tiempo virtuoso: la duración, «... así el noble se mantiene firme y no cambia de dirección», en el movimiento perenne.

La virtud, que es del hombre, nace de la detracción del tao, nos recuerda Lao Tsé.

Fijémonos bien, es aquí que la necesidad se presenta como máscara del deseo —en donde los vestidos más bonitos también dan trapos, nos recuerda el *I Ching*, seamos prudentes todo el día— ya que el fin último es trascender la pregunta. El *I Ching* es un modelo: sirve para despertar, para dirigir y, finalmente, para trascender el poder de sí mismo, cuya carencia está implícita en la pregunta formulada.

Dado que todo es relativo, la pregunta implica el actuar desde un punto de vista: la virtud es el actuar desde el punto de vista del hombre, la justicia es el actuar desde el punto de vista de lo que está bien para algunos hombres, y, por último, el ritual es el actuar en función del resultado que un determinado hombre espera.

Así, la serie actuar, hacer justicia, comportarse ritualmente, constituye el modo de la detracción del tao. Así se pierde el tao en razón de los puntos de vista. Puesto que en el origen es el tao lo que es sólido, ordenado y real, luego viene la virtud, luego la justicia y finalmente el ritual, que son igualmente grados de un punto de vista que desde el inicio es imaginario y aparente, débil, irreal, desordenado y hasta insensato. El *I Ching* habla de todo esto y repite continuamente: el hombre es grande porque elige: la virtud, la justicia, el ritual, o bien el gran tao.

¿Cómo puede el hombre elegir entre lo que es del hombre, virtud, la justicia, el ritual, y el tao? ¿No debe un hombre así dejar de ser hombre?

De hecho, debe ser tao para actuar como tao.

Por otra parte, en tanto que hombre, puede ser virtuoso, o justo, o ritual: el *I Ching* no se lo oculta. Pero sólo un hombre más que hombre puede rechazar virtud, justicia, rituales y elegir el tao: es hacia esta identificación que *I Ching* seduce.

Por lo tanto, no es el hombre que actúa el tao, sino el tao que actúa mediante el hombre que diligentemente lo escucha. Este es el hombre que está más allá del hombre, que escucha y basta.

Se trata, pues, de obedecer, pero hay que comprender el sentido de esta obediencia. Así, si uno sigue el hexagrama, lo pierde, si uno escucha la sentencia se ríe de ella en gran manera: estos actúan a través del consultante que obedece. En estos el «Sí» avanza retirándose por la vía que se aparece como más irregular y es la más directa. El tao no enseña, guía, y más lo hace cuanto más desorientado y sin guía está el consultante.

No hay que temer perderse, no tener contornos o identidad, ser injusto o carente de virtud. El tao sabe iniciar una obra, puesto que se hace escuchar, sabe llevarla hasta la conclusión, puesto que no actuando actúa realmente.

Y entonces algunos hombres pueden escuchar el *I Ching* queriéndolo conservar, y lo pierden.

Algunos otros hombres pueden escuchar el *I Ching* y burlarse de él en gran manera, porque la seriedad del *I Ching* es grande.

170

Deberemos repetir varias veces con Lao Tsé: es en la oscuridad más profunda que brilla el significado del hexagrama, una gran virtud no tiene virtud y parece no bastar para cumplirse, una verdadera justicia no se preocupa de ser justa, una verdadera inocencia se presenta ofensiva, una verdadera ofensa se presenta inocente.

Y todavía más: una verdadera virtud parece mezquina porque no quiere ser preciosa, y es sólida como una piedra. Un cuadrado verdaderamente grande no tiene ángulos porque es infinito, un instrumento que se pone a punto con rapidez es pequeño, uno verdaderamente grande es el conjunto de movimientos muy leves, un hombre verdaderamente grande no tiene contornos: propicia es la perseverancia del noble.

Pero, ¿quién es este, el noble?

En la época en que fue redactado el *I Ching* había los príncipes y los soberanos de los hombres. Estos, nos dice Lao Tsé, lograron la unidad y por eso se convirtieron en gobernantes; y la alcanzaron igual que el cielo, que por eso es claro y por tanto no se agrieta; la tierra, que por eso es tranquila y por tanto no se destruye; los espíritus, que por eso son divinos y por tanto existen como tales, los valles, que por eso se llenaron y por tanto no se agotan.

Lo repetimos: origen y fundamento de todas las cosas es su contrario, que es lo que impone la ley de ser lo que se es. Así, lo que es claro se funda en la oscuridad que alcanza la unidad no oscureciéndose; lo que no se rompe se funda en el ser roto que alcanza la unidad no rompiéndose; lo que es divino se funda en lo no existente que alcanza la unidad siendo ello mismo; y lo que

gobierna se funda en el servir que alcanza la unidad convirtiéndose en gobierno. Una cara de la moneda no es más que la otra al revés. ¿Está entonces el noble abandonado totalmente y, por tanto, es que ya ha llegado a su meta?

¿Es por esta razón que los príncipes y los soberanos de los tiempos del *I Ching* se llamaban *huérfanos* y decían de ellos mismos que no sabían hacer nada, por eso unían dividiendo, por eso renunciando a ser raros eran preciosos, renunciando a ser únicos, lo llegaban a ser?

Desde este punto de vista, la práctica de la consulta se convierte en una especie de función que garantiza la coherencia de las ideas y de las prácticas de los sujetos consultantes, la balanza en torno a la cual, en la época de transición que el *I Ching* inaugura —transición del no significado de la egorreferencia necesitada a la totalidad que refleja y que desea—, poco a poco el consultante tiende a un punto de equilibrio armonizando en sí mismo necesidades individuales y necesidades universales. Este punto de equilibrio que el *I Ching* llama *perseverancia* es una forma de coherencia que se pide al consultante.

Quizás es este el sentido de la respuesta oracular recibida por Jung: el *I Ching* es un crisol dentro del cual hay manjares maravillosos, todo consiste en saber guardar el instrumento y en dirigirse a él de forma apropiada.

Al final del recorrido, quizá se desvelará el secreto: el consultante, como el tao, descubrirá ser recipiente y hueco, de uso inagotable, insondable.

Pero para lograr que esto se cumpla, es conveniente no olvidar nunca que en el crisol sólo se encontrará lo que el consultante ponga dentro: el resto son grumos, que se deben eliminar.

171

Bibliografía

I Ching (El libro de las mutaciones), Barcelona, 1982.

I Ching (El libro de las mutaciones), Barcelona, 1992.

DOUGLAS, Alfred: *Come consultare I Ching,* Milán, 1976.

DA LIU: *Come consultare I Ching por predire il vostro futuro,* Roma, 1976.

HADES: *L'approche de soi et la divination par le Yi King,* París, 1980.

FFARRINGTON HOOK, Diana: *I King e voi,* Roma, 1977.
— *I King e la humanità,* Roma, 1977.

BLOFELD, John: *I Ching, il libro della mutazione,* Milán, 1986.

DEVA JAYANT, Swami y Massimo ROCCHI: *Come predire il futuro con l'I Ching,* Milán, 1984.

CARO, L. y C. CARAGLIO: *Come scoprire il futuro con l'I King,* Milán, 1989.

MOMIGLIANO, F. y C. CARAGLIO CACCIABUE: *L'I King e l'amore,* Milán, 1991.

www.ingramcontent.com/pod-product-compliance
Lightning Source LLC
Chambersburg PA
CBHW072142090426
42739CB00013B/3258